Tarantino

DU MÊME AUTEUR

Aux Éditions Denoël

Un bon flic, 1991

Elseneur, 1993

Il était une fois un Droshky, 1996

Les Filles de Maria, 1994

L'Homme de Montezuma, 1997

C'était Broadway, 2005

Marilyn la Dingue, 2009

Aux Éditions Gallimard

Zyeux-bleus, 1977

Marilyn la Dingue, 1977

Isaac le Mystérieux, 1996

New York, Gallimard Découvertes, 1994

Bande à part, illustré par Jean-Claude Denis, Gallimard Jeunesse, 1995

Le Geek de New York, en collaboration avec Michel Martens, 1995

Kermesse à Manhattan, 1995

Le Nouveau Noir, anthologie sous la direction de Jerome Charyn, 1997

La Belle Ténébreuse de Biélorussie, 1996

Otage à New York, Folio Junior, 1999

Hemingway, Gallimard Découvertes, 1999

Le Cygne noir, 2000

Bronx Boy, Haute enfance, 2004

L'Homme qui rajeunissait, 2004

Marilyn, la dernière déesse, 2007

(suite p. 188)

Jerome Charyn

Tarantino

Traduit de l'américain
par Cécile Nelson

DENOËL
& D'AILLEURS

Titre original :
Raised by Wolves :
The Turbulent Art and Times of Quentin Tarantino
Éditeur original : Thunder's Mouth Press

Cet ouvrage est dédié à mes trois sibylles préférées, Anoosh, Jamie et Leinana.

Ainsi qu'à mon assistant de recherches, Mathieu le Magicien, qui a réussi à se glisser dans les moindres fissures pour trouver tout ce que j'avais besoin de savoir.

Introduction

Chevaux et terriers de lapins

C'était il y a un an, peut-être un peu plus. Je regardais le film de minuit sur la chaîne HBO : *USS Alabama* de Tony Scott (1995), un polar catastrophe situé à bord d'un sous-marin. L'action se déroule après la désintégration de l'Union soviétique, alors que la Russie est en chute libre, ravagée par la guerre civile, avec à sa tête un leader ultranationaliste qui menace de balancer la bombe atomique sur les États-Unis et le Japon. Entre alors en scène l'*USS Alabama*, un sous-marin nucléaire chargé d'assez de missiles pour anéantir cent civilisations. Mais la vraie confrontation n'a pas lieu entre les ultranationalistes et les États-Unis ; elle oppose Gene Hackman et Denzel Washington. Peu importent les noms dont ils sont affublés. Hackman est le commandant de l'engin et Washington son second. Les deux hommes ont un *poids* à l'écran, une densité, que peu d'autres acteurs possèdent. Quoi que nous raconte le scénario, quelles que soient l'inconsistance de l'histoire et l'ineptie des dialogues, nous croyons en eux.

Tony Scott sculpte le sous-marin dans une impressionnante gamme de rouges et de bleus, mais c'est la furie du visage de Hackman qui nous fascine. Il est parti pour dézinguer les Russes en lançant une frappe nucléaire mais Denzel Washington refuse de le laisser faire. La chaîne de commandement à bord de l'*Alabama* est rompue et le sous-marin livré à sa propre guerre civile. Denzel Washington s'empare du vaisseau et, lors de la confrontation finale entre les deux hommes, sous l'œil d'officiers prêts à se faire sauter mutuellement la cervelle, Hackman se met à déblatérer sur les lipizzans, ces chevaux vedettes de l'École espagnole de Vienne. Il affirme que les lipizzans sont « tous blancs » et qu'ils viennent du Portugal. Washington dit qu'ils ne sont pas du Portugal mais d'Espagne. « À la naissance, ils ne sont pas blancs. Ils sont noirs. » Et le duel continue. Les chevaux ne sont que des chevaux, dit Hackman. « Enfonce un aiguillon dans le cul d'un cheval et tu peux le faire jouer aux cartes. »

Tout à coup, on est passé des sous-marins et de la guerre atomique à une sorte de pays de Nulle-Part où tout est permis. Nous avons été projetés bien au-delà des tonalités léchées de Tony Scott. Le film a été torpillé, ou plutôt, *tarantiné*. Même à moitié endormi, j'ai reconnu la patte subversive de Tarantino. Son nom n'apparaît pas au générique, mais il avait travaillé au scénario. Peut-être que les lipizzans ne sont même pas de lui, mais son influence n'en est que plus profonde.

Tarantino a bouleversé le cinéma, nous a entraînés loin des films structurés autour d'un début, d'un milieu et d'une fin discernables. Il a créé un bavardage, un bruit de fond incessant qui refuse de se taire. Selon Janet Maslin, « on n'entre pas vraiment dans une salle de cinéma » pour voir un film de Tarantino, « on descend plutôt au fond d'un terrier de lapin [1] » – un terrier résonnant de milliers de paroles, comme si une centaine de fous à lier avaient été lâchés à un colloque de gangsters. Les critiques n'arrêtent pas de se plaindre de la violence gratuite chez Tarantino : mais les actes violents ne sont que « les virgules et points-virgules du vocabulaire cinématographique de Tarantino », écrit Daniel Mendelsohn dans la *New York Review of Books*. Et par-delà la violence il y a un vide, une passivité, « le sentiment de ne pas être en présence d'un créateur mais d'un membre du public » assis tout seul dans l'obscurité. « C'est en tant que représentant d'une génération nourrie aux rediffusions télévisuelles et au multivisionnage de vidéos qu'il vous fait mourir de peur. »

Le critique Robin Wood, qui est si sensible à Hitchcock et peut analyser le plus léger frisson de *Vertigo*, écarte Tarantino comme un rejeton illégitime du cinéma, un adolescent perpétuel qui ne peut que renvoyer à son public l'image de « sa propre ingéniosité, de sa vacuité et de son cynisme [2] ». De même, Roger Shattuck juge que l'art porteur de sens « mérite d'être protégé de toutes nos forces de ceux [comme Tarantino] prêts à emprunter son manteau afin de couvrir et d'ennoblir un étalage de dépravation et de violence inqualifiables [3] ».

Pourtant, comment se fait-il que je devine une cohérence, une forme, une musique, là où Mendelsohn, Wood et Shattuck n'en perçoivent aucune ? Pourquoi est-ce que j'aperçois une structure profonde dans le terrier de Tarantino, là où d'autres ne voient que les élucubrations chaotiques d'un ancien employé de vidéoclub ? Les cinq années qu'il a passées à Video Archives, à Manhattan Beach, une banlieue de Los Angeles, sont entrées dans la mythologie au titre du cours accéléré le plus réussi de l'histoire du cinéma. « Je suis d'abord et avant tout un dingue de cinéma [4] », lance Tarantino en guise de cri de guerre. « Si Quentin n'avait pas réussi dans le monde du cinéma, il est très probable qu'il aurait fini tueur en série [5] », déclare Roger Avary, qui a travaillé dans la même boutique avant de devenir le complice de Tarantino en écriture pendant plusieurs années.

« Je ne suis pas allé à l'université, déclare Tarantino. Le vidéoclub a été pour moi comme un cursus universitaire [...]. Quand on a fini ses quatre années, on est censé démarrer sa vie mais on se retrouve à s'accrocher à cette zone de liberté. Video Archives était ma zone de liberté [6]. »

Cette zone de liberté ne l'a pas enrichi autant qu'il le pense ; elle lui a plutôt offert un refuge. Il dormait souvent dans l'arrière-boutique ; se trouvait des petites amies de l'autre côté du comptoir ; se bagarrait ; il a même formé une espèce d'équipe de tournage clandestine avec des collègues. Mais cela ne le mettait pas fondamentalement à l'épreuve. Le vrai défi allait venir de l'école d'art dramatique. Il avait grandi avec le rêve de devenir une star, et ce rêve ne l'a jamais quitté. « Aux États-Unis, ma notoriété n'est pas celle d'un réalisateur, disait-il en 1996. C'est celle d'une star[7]. » Pourtant, derrière cette audace, il y a une terrible blessure : Tarantino sait qu'il ne sera jamais une star. Selon Biskind, « avec son allure de personnage de BD au front haut et à la mâchoire proéminente, il [donne l'impression] d'un Martin Scorsese dans le corps de Popeye[8] ».

Sans même terminer sa troisième, Tarantino quitte l'école à seize ans pour étudier le métier d'acteur à plein temps. Il court les castings mais ne réussit qu'à décrocher le rôle d'un imitateur d'Elvis Presley dans un seul épisode d'une sitcom. « L'art dramatique est pour moi ce qu'il y a de plus important au monde. Je l'ai étudié pendant six ans mais n'ai jamais trouvé de travail. Je n'arrivais même pas à décrocher une audition. J'ai essayé pendant des années de construire une carrière et ça n'a rien donné. Jouer la comédie m'a appris tout ce que je sais sur l'écriture et la mise en scène[9]. »

Tarantino ne s'est pas affilié à la Guilde des écrivains ni à celle des réalisateurs, même après que *Pulp Fiction* a fait de lui le scénariste-réalisateur adoré de la planète. En revanche, il est membre de la Guilde des acteurs de cinéma. « Tu es obligé de t'affilier à la Guilde des acteurs, sinon tu ne peux pas travailler. C'est le seul syndicat auquel j'aie essayé d'adhérer pendant des années, sans arriver à y être accepté[10]. »

La vieille blessure ne veut pas se refermer. « Je suis aussi sérieux dans mon jeu d'acteur que dans mon travail de réalisation. Ou d'écriture. Je suis aussi fier de ma prestation dans *Une nuit en enfer* (1996) que de l'écriture et de la réalisation de *Pulp Fiction*[11]. »

Tarantino a écrit le scénario du film de Robert Rodriguez, une histoire de vampires dans un bar à motards ; il y joue le frère psychopathe de George Clooney avec une sorte d'élocution déjantée.

Une nuit en enfer est probablement un des films les plus stupides jamais réalisés, mais cela n'a pas freiné Tarantino, qui a décidé de jouer un autre psychopathe, sur Broadway cette fois. L'acteur David Carradine lui a demandé : « Pourquoi veux-tu te pavaner sur une scène devant un parterre de vieilles aux permanentes bleutées débarquées d'un car ? – Parce que Broadway, c'est ça [12]. »

Pourtant, sa foi maniaque en ses talents d'acteur est aussi une des forces de Tarantino : il dirige et écrit avec l'optique et la vulnérabilité d'un acteur. Il a passé cinq ans à étudier auprès d'Allen Garfield, un *character actor* [13] du New Jersey, né en 1939. Garfield, lui-même formé à l'Actors Studio par Lee Strasberg, projette une sorte d'hostilité comique à l'écran : on peut presque sentir la colère bouillir sous sa peau.

Tarantino fut son tout premier élève à l'Actors Shelter (Refuge des acteurs), que Garfield fonda en 1985, avec des sessions le week-end dans une salle de Beverly Hills. Tarantino était souvent à sec et ne pouvait pas payer ses cours, mais Garfield le gardait à l'école et l'éperonnait constamment. « Quentin, tu veux être metteur en scène ? Alors chaque fois que tu fais une scène dans mon cours, je veux qu'elle soit aussi dirigée [14]. » Et Tarantino s'exécutait. L'Actors Shelter « fut, en ce qui me concerne, une école de cinéma », confia-t-il.

Tarantino écrivit « des tas de monologues sans queue ni tête [15] » pour le cours de Garfield sans se rendre compte qu'il y jetait les bases de son art. Le monologue, ou riff, allait réapparaître dans *Reservoir Dogs* et *Pulp Fiction*, ainsi que dans son scénario de *True Romance*, réalisé par Tony Scott (1993).

Il y a des riffs sur Elvis tout au long de *True Romance*. Clarence (Christian Slater) est comme une incarnation de Tarantino lui-même. Il travaille dans son Video Archives à lui, une boutique de bandes dessinées appelée « Héros à vendre ». C'est un fan d'Elvis. « Si je devais baiser avec un mec – si ma vie en dépendait –, ce serait avec Elvis. » Il tombe amoureux d'une call-girl, Alabama (Patricia Arquette), qui soutient qu'elle n'est pas « une *white trash*[16] de Floride ». Alabama a été payée par le patron de Clarence pour offrir à celui-ci un cadeau d'anniversaire de rêve : une nuit avec elle. Clarence et 'Bama se réveillent au matin et se marient. Mais Clarence ne supporte pas d'entendre parler de Drexl, le mac de sa nouvelle épouse, incarné par Gary Oldman, qui insuffle au caractère menaçant de son personnage un sens bien au-delà d'une simple interprétation : il *est* ce Blanc en dreadlocks qui se prend pour un Noir. Clarence va trouver Drexl et demande la libération d'Alabama de sa condition d'esclave sexuelle. Et il exige bien plus que cela encore car son ange gardien – le fantôme d'Elvis Presley – lui dit que 'Bama ne sera jamais libre tant que Drexl sera en vie. Drexl fiche une dérouillée à Clarence et finit par se faire tuer. Clarence s'enfuit avec ce qu'il croit être les vêtements d'Alabama, en fait, une valise pleine de cocaïne.

Mais les petits riffs qui ponctuent cette action ne sont rien en comparaison du morceau de bravoure du film, un face-à-face dont Clarence et Alabama sont absents. C'est le riff des riffs, un duel verbal entre Christopher Walken et Dennis Hopper, deux acteurs dont l'étrangeté a toujours défié la machine cinématographique, deux anomalies des salles obscures – des *character actors* jouant les stars, chacun avec sa colère et une façon de s'exprimer unique et toujours émouvante. Dans *True Romance,* Hopper joue à contre-emploi ; il n'est pas le timbré habituel, le jacteur pathologique, dont la logorrhée manque de nous défoncer les tympans. Cette fois, c'est un homme tranquille, un gardien qui fait ses tournées en bonnet à oreilles, flanqué de son grand chien noir Rommel. Il incarne un père absent, celui de Clarence

– Tarantino aussi a eu un père absent, qui s'est éclipsé sans même établir le plus petit lien avec lui.

Mais Dennis Hopper, lui, essaye de sauver son fils. Les gangsters sont venus récupérer leur valise de cocaïne. Leur chef, Christopher Walken – Don Vincenzo –, est un avocat de la mafia qui représente M. Blue Lou Boyle. En tant que porte-parole, c'est un homme d'expérience, éloquent et cruel, qui utilise la langue comme une rapière. Il dit à Hopper qu'il est l'Antéchrist venu pour le faire souffrir comme jamais auparavant... à moins qu'il ne révèle où se cachent Clarence et Alabama.

« Ils ont piqué ma came », dit-il. Il est là pour soumettre Hopper à un petit interrogatoire et l'avise de ne pas mentir. « Les Siciliens sont de grands menteurs. Les meilleurs au monde. Je suis sicilien. Et mon vieux était le champion poids lourd des menteurs siciliens. En grandissant auprès de lui, j'ai appris la pantomime. Eh bien, il y a dix-sept mimiques différentes qu'un mec en train de mentir peut faire pour se trahir. Un mec en a dix-sept. Une femme, vingt... Et si tu connais ces mimiques comme tu connais ta poche, mec, y a plus qu'à balancer tous les détecteurs de mensonges à la poubelle. »

Walken parle comme aucun autre acteur au monde mais il est difficile de décrire son élocution, sa façon de hacher les phrases de sorte que chaque syllabe résonne d'une menace à peine voilée. Avec son long manteau et son écharpe, on dirait l'Antéchrist. Hopper, lui, a l'air désemparé, seul, complètement dépourvu de cette même éloquence. Pourtant, Don Vincenzo finit par tomber dans le piège de sa propre sérénade.

« Alors comme ça, t'es sicilien ? » dit Hopper. Don Vincenzo lui a offert l'ouverture dont il a besoin pour débiter sa propre histoire. « Les Siciliens descendent des nègres... Il y a des centaines et des centaines d'années, les Maures ont conquis la Sicile. Et les Maures sont des nègres. Ils ont tellement baisé avec les

Siciliennes qu'ils ont altéré leur sang à jamais – de blonds aux yeux bleus à bruns à la peau foncée. » Walken rit, complètement stupéfait. Qu'est-ce qu'il peut faire d'autre ? Mais Hopper poursuit son riff : « Les Siciliens continuent à transmettre ce gène nègre... Tes ancêtres sont des négros. T'es moitié pruneau. »

Son élocution est beaucoup plus sobre, presque endeuillée : le conteur ne fait plus qu'un avec son histoire. Walken embrasse Hopper et lui tire une balle dans la tête. « Je n'ai tué personne depuis 1984. »

Mais Hopper l'a vaincu ; l'exécution est un épilogue inutile, une petite esbroufe de Christopher Walken, l'Antéchrist. La vraie violence de la scène réside dans le récitatif des deux hommes, dans les dommages collatéraux causés par leur baratin.

Et voilà, nous venons d'assister à un instant si profondément *tarantinesque* que même les préciosités de Tony Scott – ce jeu incessant d'ombre et de lumière, où les couleurs se multiplient et les visages entrent et sortent de l'obscurité – ne sauraient abîmer. La langue s'affirme contre le décor stylisé, elle le domine et nous touche.

Lui-même réalisateur, Hopper sait apprécier l'audace des riffs de Tarantino, cette occasion unique donnée à un acteur d'interpréter des tirades dans un film. « Un producteur regarde le scénario et s'exclame : "Mon Dieu, une tirade ! Nous ne pouvons pas avoir ça dans un film, raccourcissez-la en trois lignes." Mais Quentin, lui, monte d'incroyables circonstances imaginaires qui vous permettent de faire un discours [17]. »

Hopper voit en Tarantino un magicien visuel et verbal « qui passe notre culture au mixeur et la réinjecte sous forme de phénomène artistique spectaculaire », comme un Mark Twain moderne, « faisant face aux mêmes périls que deux mecs [Huck Finn et l'ancien esclave Jim] en train de fuir sur un bateau qui descend le Mississippi ».

Et ce n'est pas une comparaison gratuite. Le monde de Huck et Jim résonne de riffs violents tandis qu'ils élaborent leur petit compas moral sur leur radeau, au milieu de brutes et de bonimenteurs.

Une version adulte de Huck Finn apparaît d'ailleurs dans *Pulp Fiction,* en la personne du capitaine Koons, un officier de l'armée de l'air interprété par Christopher Walken. Et, cette fois, il n'y a pas de Dennis Hopper pour apprivoiser sa foudre. Il produit un des riffs ininterrompus les plus drôles que le cinéma ait jamais vus. On est en 1972. Koons vient de rentrer du Vietnam. Il raconte au petit Butch, âgé de cinq ans, l'histoire de la montre de son père. Et là, point de panachage de couleurs à la Tony Scott pour nous aveugler ; Tarantino nous livre un monde aplati, délavé, où tout s'efface à l'arrière-plan pendant que Koons parle.

« Salut, petit homme ! Eh oui, j'ai connu ton père. Et toi aussi, je te connais bien, mon garçon. Tu sais, ton père m'a beaucoup parlé de toi au camp... pendant ces cinq ans où on est restés prisonniers à Hanoi. Où on a vécu l'enfer tous les deux. »

Ces paroles ont une musicalité particulière, comme si Walken formait des notes sur une clarinette, s'interrompant et reprenant le fil à sa guise, en un phrasé fragmenté. La montre apparaît à l'écran. Elle a autrefois appartenu à l'arrière-grand-père de Butch, qui l'a achetée au magasin général de Knoxville (ville de naissance de Tarantino) pendant la Première Guerre mondiale. « C'est la montre de ton arrière-grand-papa, fabriquée par la première compagnie qui ait jamais fait des montres-bracelets. Ton arrière-grand-papa l'a portée chaque jour qu'il a passé à la guerre. » Après la guerre, l'arrière-grand-père a mis la montre dans un vieux pot à café... jusqu'à ce que le grand-père de Butch, Dane Coolidge, la porte pendant la Seconde Guerre mondiale. Dane sert dans la marine et trouve la mort sur Wake Island, mais non sans avoir confié la montre à un tireur de l'Air Force en lui demandant d'« apporter à son fils nouveau-né, qu'il n'a jamais vu en chair et en os, sa montre en or ».

La montre construit ainsi son propre mythe d'une génération à l'autre. « Cette montre, ton papa l'avait au poignet le jour où il s'est fait canarder au-dessus de Hanoi [...]. On l'a capturé et emmené dans un camp de prisonniers. Il savait que si on voyait sa montre, elle lui serait confisquée ! Et pour lui, il était clair que cette montre te revenait de droit [...] c'était le patrimoine de son fils, alors il décida de la cacher dans le seul endroit où il savait qu'il pouvait cacher quelque chose : dans son cul. Cinq longues années il a trimbalé cette montre dans son cul. » Et juste avant de mourir de dysenterie, Dane Coolidge confie la montre au capitaine Koons. « J'ai alors caché ce vieux bout de métal dans mon anus deux années durant. [...] Et aujourd'hui, cette montre, je suis venu te la donner. »

Koons est un conteur de fables mais son élocution est si imperturbable, si authentique dans son étrange phrasé, que nous croyons en cette odyssée de la montre de guerre et, l'espace d'un instant, nous *devenons* Butch. Avec l'aide de Christopher Walken, Tarantino a exécuté un étonnant tour de magie : il a fait de la langue le monde entier, et nous sommes tous les enfants perdus du conte de Tarantino. En se concentrant sur la montre et sur Koons, sans ciller une seconde, sa caméra et lui nous emmènent au-delà du style et de la logistique cinématographiques, à l'intérieur même de l'artefact. L'illusion de l'écran a disparu ; nous sommes dedans.

Walken se montre souvent faussement modeste concernant sa carrière. « Je suis un très mauvais analyste de ce qui fonctionnera à l'écran, reconnaît-il. Chaque fois que je pense que le résultat sera bon, j'ai toujours tort [18]. » Pourtant, il s'est entraîné au monologue du capitaine Koons pendant huit semaines, assemblant les mots à sa façon très personnelle, celle d'un ancien danseur habitué à marquer la cadence. « Je compte encore les pas de danse quand je traverse une pièce. Deux-deux quatre. Trois-trois quatre.

Je fais cela pendant que je parle. » Et ce même comptage « permet de décider quel est le mot important », loin de la « prison » de la ponctuation. « Ce peut être le nom ou bien le verbe. Ce peut être un mot auquel vous n'aviez pas pensé. »

Selon Dennis Hopper, Walken « a une pureté de diction presque préstanislavskienne ». Mais il a également une perception aiguë du sens ludique de Tarantino, de l'illogisme des terriers de lapins. Il n'arrêtait pas de rire en préparant son monologue sur la montre voyageuse qu'il avait dû se planquer dans le cul. « Je suis un comédien qui a grandi en voyant le public comme un personnage [...]. Je crois que les gens font : "Tiens, voilà Chris [Christopher Walken]. Chris sait qu'il est dans le film. Chris sait que ce n'est pas réel. Chris s'amuse bien." »

Aucun riff ne peut fonctionner sans un public, pas même au cinéma. Et c'est ce sens ludique des deux côtés de l'écran qui définit Walken et Tarantino. Walken est un agent parfait au pays des agents spéciaux de Tarantino, où les chevaux noirs deviennent blancs... et vice versa.

Le plus audacieux chez Tarantino ne tient pas tant à la pyrotechnie visuelle – comme les vingt minutes de combat de sabre à la villa des Feuilles bleues de *Kill Bill, volume 1* – qu'aux contorsions auxquelles doit se livrer Mr Orange (Tim Roth) alors qu'il prépare son riff de *Reservoir Dogs.* Flic infiltré dans un gang sur le point de braquer une bijouterie, il est inconnu des autres « Dogs » de la bande et doit les convaincre qu'il est authentique – un vrai truand. Il a son coach personnel en la personne de Holdaway (Randy Brooks), un flic arborant une casquette Mao kaki à étoile rouge, qui est censé lui apprendre à parler comme un malfrat. C'est le prof d'art dramatique de Mr Orange. Le vrai nom d'Orange est Freddy Newendyke, mais l'ennui c'est que nous ne savons plus ce qui est « réel ». Tous les Dogs ont des noms de code – Mr Orange, Mr Blonde, Mr White, Mr Blue... des noms qui acquièrent leur personnalité et leur puissance propres. Et Freddy Newendyke devient le personnage qu'il doit jouer : Mr Orange.

« Pour infiltrer, faut être Marlon Brando, lui recommande Holdaway. Pour arriver à faire le boulot, tu dois être un grand acteur. Tu dois être naturel. Naturel jusqu'au bout des doigts. Si t'es pas un grand acteur, t'es mauvais, et c'est foutu. » C'est bien plus dangereux que d'étudier avec Allen Garfield à Beverly Hills. Mal jouer peut lui faire perdre la vie.

Holdaway donne son texte à Orange, une anecdote autour d'un deal de drogue. Orange proteste immédiatement. « Je dois apprendre tout ça ? Y a plus de quatre putain de pages de texte ! » Il n'a pas la moindre notion de comment jouer la comédie et, jusqu'à ce qu'il s'y mette, il vivra dans une zone de danger permanent. Holdaway lui explique qu'il peut inventer ses propres mots mais qu'il doit se rappeler les détails. « C'est les détails qui vendent ton histoire. » (Tout comme ce sont les détails qui rendent la caméra convaincante, qui nous permettent d'adhérer à la narration qui se déroule sur l'écran.) « Bon, ton histoire se passe dans les toilettes pour hommes. Il faut connaître tous les détails. S'il y a des serviettes en papier ou un sèche-mains. Si les cabines ont des portes ou pas. Si c'est du savon liquide ou de la poudre [...]. Donc tu dois connaître tous ces détails et te les approprier. Rappelle-toi que l'histoire parle de *toi*, de comment tu as perçu les événements. Et la seule manière de faire tienne cette histoire, c'est de la répéter, la répéter et la répéter. »

Et c'est ce qu'il fait. Nous l'observons en train de répéter. Puis il interprète un petit monologue devant Holdaway. Ils sont sur un toit, entourés de graffiti, et les graffiti deviennent presque partie prenante du récit, comme si les paroles d'Orange aspiraient à danser sur un mur.

Puis Orange énonce le même monologue devant plusieurs Dogs. Il pourrait être à une audition, à l'un des castings de Tarantino lui-même. Sauf qu'Orange n'a pas droit à l'échec. Il raconte qu'il trimballe une livraison de marijuana. Il s'apprête à faire une vente. Mais il a envie de pisser et se dirige donc vers « les petits coins ». Tout à coup, le récit se met à développer sa propre logique et nous le voyons dans les toilettes pour hommes d'une gare, comme si l'affabulation acquérait sa vérité particulière : l'histoire est plus forte que le flic infiltré qui la raconte. Quatre shérifs du comté de Los Angeles et leur berger allemand se trouvent là, aux toilettes, en pleine conversation. Ils arrêtent de parler, tournent les yeux vers Orange. Le chien aboie. « Il aboie après moi. Je veux dire, c'est évident qu'il en a après moi. »

Orange savoure le « romanesque » de sa terreur. « Tous mes nerfs, tous mes sens, le sang dans mes veines, tout me dit : "Fous le camp, mec, tire-toi de là." La panique me frappe comme un seau d'eau en pleine figure. Je suis là, trempé de panique, et les flics me regardent. Ils savent, ils peuvent sentir, comme leur putain de chien, ils sentent l'odeur de l'herbe sur moi. »

Arrêt sur image avec Orange et son sac bourré de marijuana en bandoulière devant les quatre shérifs et le chien ; comme si la caméra attendait que le récit continue, comme si l'absence de mots pouvait arrêter le temps et tout mouvement ; puis l'image « revient brusquement à la vie ». Nous entendons le chien aboyer. Un des shérifs continue sa salade sur un mec qui s'est presque fait pulvériser la tête. Orange fait semblant de pisser. Il passe devant les shérifs pour se laver les mains au lavabo. Il allume le sèche-mains électrique. Le bruit de la machine prend possession de l'image, devient la bande-son : le monde tourne au ralenti, comme ensorcelé par le vrombissement. Le chien aboie après Orange mais nous ne pouvons pas l'entendre. Le « détail » du sèche-mains domine l'histoire.

La machine s'arrête et nous regagnons le temps « réel ». Orange sort des toilettes. Le riff est fini et le conteur se retire de son histoire. L'audition est terminée. Les Dogs le félicitent ; il est devenu l'un d'eux. « Tu as su t'en tirer, conclue Joe Cabot, le chef du gang. Si tu chies dans ton froc, tu plonges… »

Orange les a bernés, les a tous embobinés, mais il en paye le prix : il n'est plus Freddy Newendyke mais le Marlon Brando des Dogs. Et, par la même occasion, Tarantino a dévoilé l'aspect le plus révolutionnaire de son art : les mots acquièrent un pouvoir totémique, jusqu'à presque défier les images sur l'écran… ou les contrôler. Dans le terrier de lapin de Tarantino, la vue et l'ouïe sont inversées : nous devons « voir » avec nos oreilles et « entendre » avec nos yeux. Ou, comme le remarque le critique de film Gavin Smith : « Le spectacle et l'action prennent paradoxalement la forme du dialogue et du monologue. Le morceau de bravoure verbal supplante la scène d'action [19]. »

Et l'action elle-même – ce qui nous apparaît comme « réel » à l'écran – découle d'une « construction verbale ». Les personnages deviennent « ce qu'ils disent – et ils n'arrêtent pas de parler ».

Comme le fait remarquer Tim Roth lui-même à propos de Mr Orange : « J'aime l'idée d'être une fiction à l'intérieur de la fiction. Je suis un menteur. Je crée ma propre fiction dans une fiction, un mensonge dans un mensonge [20]. »

Roth a aussi compris qu'il pénétrait dans un terrier de lapin. « [Le scénario de Tarantino] m'a rappelé ce que c'était que jouer, comme quand j'étais gosse. Je me disais, si je suis dans ce film, ce sera un peu comme faire tout ce que je m'imaginais gamin en jouant avec un pistolet dans le jardin derrière la maison [21]. »

Ces critiques qui accusent Tarantino d'être un vampire insensible, un énergumène pilleur d'autres films, un roi de l'arnaque construisant son vocabulaire sur le dos d'autres cinéastes, devraient réviser leurs vues. Tarantino nous a embarqués dans un voyage où seul un acteur pouvait être aux commandes, un acteur raté capable de rendre la métaphysique de monologues qu'il avait lui-même préparés – tout l'effort illusoire des répétitions. C'est ce qui donne son pathos au monologue d'Orange, où l'acteur se donne tout entier à son jeu, son kit de survie indispensable – qui devait paraître tout aussi indispensable aux yeux du garçon maladroit qui avait quitté le lycée pour devenir acteur. Si on peut être ambivalent à l'égard des Dogs et de la violence qui les entoure, le traître parmi eux nous semble tout aussi ambivalent. Et pourtant nous sommes captivés par la quête de Mr Orange et son besoin de récit. Ses répétitions sont semblables au film lui-même, au tâtonnement de l'histoire, de toute histoire, tandis que les mots se transforment en images. Si Tarantino n'était pas passé par une école de comédiens, le récit d'Orange aurait pu n'être qu'intrépidité et bluff. Mais nous sommes touchés et stupéfiés par sa transformation en acteur car il incarne la machine cinématographique même, la capacité de la caméra à filmer « un mensonge dans le mensonge » ainsi que la façon qu'a Tarantino d'entrelarder ses mensonges de ses propres « coups fourrés », de nous traîner en des lieux inattendus où peu de cinéastes oseraient aller. « Raconter une histoire est cinématographique, dit-il. Raconter une histoire est séduisant, sexy. » C'est parce que Tarantino n'a pas peur du vide. *Reservoir Dogs* est un film de braquage sans braquage. Il laisse de grands trous dans le scénario, qu'il recouvre d'un tissu de paroles tandis que nous passons d'un fou à lier à l'autre, ravis d'entendre une succession de monologues burlesques.

Tarantino voulait que *True Romance* soit son premier film mais, faute de financement, il ne l'a pas réalisé lui-même. Son scénario était bien moins linéaire – un récit dans un récit avec de nombreux cadres temporels – que le scénario finalement tourné. Et nous ne pouvons que spéculer sur le film que Tarantino aurait réalisé. « Je vois mes films comme des toiles où j'applique différentes couleurs, émotionnelles et visuelles [22] », dit Tony Scott, le réalisateur de *True Romance*, mais les toiles de Tarantino sont des livres de coloriages remplis de mots.

Scott reconnaît que Tarantino aurait fait un « *True Romance* très différent – plus dur, agressif, moins irréel et moins prétentieux [23] ». Scott se voit lui-même comme un « homme de main », qui passe d'un genre à l'autre, d'un projet à l'autre, d'un studio à l'autre en apportant son sens du « style » sur chaque film. Tarantino, en revanche, n'a jamais été un « homme de main », même si son succès a fait de lui une sorte de nabab.

Tarantino admire *True Romance* : « J'adore la façon dont il [Tony Scott] filme ; ce n'est pas du tout ma manière de faire. Il utilise plein de fumée et moi, je ne veux pas de fumée dans mes films. J'ai beaucoup de plans longs alors que, pour Tony, un plan long dure vingt secondes [24]. » Les films de Scott sont souvent noyés d'« atmosphère », mais il n'a pas de réelle esthétique. Nous ne ressentons pas d'obsession dans son parcours filmique, aucune vie intérieure ou « structure ésotérique », ainsi que nous le rappelle le théoricien du cinéma Peter Wollen. « [Jean] Renoir a un jour fait remarquer qu'un réalisateur passe sa vie à faire un seul film. » Ce film « consiste non seulement en caractéristiques typiques de ses variantes [...] mais il est aussi le principe même de la variation qui le gouverne, c'est-à-dire sa structure ésotérique, qui ne peut que "remonter à la surface", selon l'expression de [Claude] Lévi-Strauss [25] », à travers le processus de répétition.

Et quoi que nous pensions de Tarantino lui-même, *Reservoir Dogs* est un film avec une vision d'ensemble. Il ne se déroule pas, ni ne se développe, comme la plupart des films de studio. Il est comme un peu de lumière miraculeuse venue d'un trou noir ; « passer du temps avec Tarantino, écrit le critique de cinéma

J. Hoberman, revient à observer la violence de son imagination [26] », une imagination qui semble occuper des recoins, plutôt qu'un terrain consensuel sûr, qui nous mord, nous agace, nous effraye et nous amuse en même temps, alors que nous sautons d'un riff à l'autre et regardons les chevaux noirs devenir blancs.

Harvey Keitel, sans lequel *Reservoir Dogs* n'aurait jamais vu le jour, compare Tarantino à Martin Scorsese. « Pour moi, il y a un dénominateur commun entre Quentin et Marty [...] c'est une certaine intensité, une certaine vulnérabilité, une certaine acuité dont [tous deux] font preuve [27]. » Tarantino est le jumeau monstrueux de Scorsese. Tous deux sont des jacteurs survitaminés, au débit de mitraillette, comme des garçons perdus dans une salle des miroirs du cinéma. Tarantino considère que *Taxi Driver* (1976) de Scorsese est un des films qui ont contribué à le former ; pourtant, ce film traite du silence, de l'isolement aigu, alors que *Reservoir Dogs* est un film sur la mélodie, sur le langage comme élément d'appartenance à une bande de crapules. Scorsese était un enfant timide et asthmatique qui a songé à devenir prêtre mais qui, au lieu de cela, s'orienta vers une école de cinéma. C'est un classique, comparé à Tarantino qui n'a même pas appris à lire l'heure...

Tarantino a été élevé par sa mère, qui protégeait sa détermination. « C'est un génie, qu'est-ce qu'on en a à foutre qu'il sache lire l'heure [28] ? » Il trouva son père spirituel en la personne de Howard Hawks, qui lui inculqua un sens du bien et du mal et l'initia au merveilleux pouvoir de raconter. Hawks l'obsédait à un degré tel que Tarantino rêvait d'être invité chez lui. « Robert Mitchum se tenait sur un balcon et disait : "Tu es là pour voir le vieux." Hawks était dans un patio avec John Wayne. Il a lancé :

"Hé, Quentin, descends, mon petit." Je me suis réveillé. J'étais triste, tout ça était si réel [29]. »

Tarantino est aussi un admirateur de Brian De Palma, John Woo, Sergio Leone et Jean-Luc Godard quoiqu'il ne leur ressemble pas beaucoup, ni d'ailleurs à Howard Hawks, mort en 1977, quand Tarantino avait treize ans. Il aime se voir comme un crypto-romancier. « Ce n'est pas que je veuille dénigrer les scénaristes, mais si j'étais un écrivain à plein temps, j'écrirais des romans [30]. » Et, comme il le reconnaît, la structure de *Reservoir Dogs* et de *Pulp Fiction* tient plus du roman que de la mécanique du film. Si le réalisateur propulse ses personnages à travers le temps et l'espace, il n'y a « aucun flash-back, juste des chapitres, [...] tout comme dans un roman [31] ».

Elmore Leonard est le premier romancier qu'il ait lu dans sa vie. D'ailleurs, Tarantino échappe de peu à la taule, à l'âge de quinze ans, quand il se fait pincer en train de faucher *La Joyeuse Kidnappée* (*The Switch*) à l'hypermarché K-mart du coin. Ce roman met en scène deux escrocs à la manque, Ordell Robbie et Louis Gara, qui n'arrivent pas à se faire livrer la rançon de l'enlèvement qu'ils ont monté. Ordell et Louis réapparaissent dans *Punch créole* (1992), le roman que Tarantino allait adapter pour en tirer *Jackie Brown* (1997). Mais Ordell et Louis ne nous enchantent pas moitié autant que Mr Orange ou le capitaine Koons ; ils ont peut-être leur jargon, mais jamais leurs riffs particuliers. Tarantino affirme qu'il a été influencé par Leonard quand il a écrit *True Romance* ; le scénario s'ouvre à Detroit, où Leonard a vécu dès l'âge de neuf ans et situe l'action de *La Joyeuse Kidnappée*, et finit à L.A., le territoire de Tarantino. Mais rien dans *La Joyeuse Kidnappée* ou *Punch créole* n'égale le « duel » entre Christopher Walken et Dennis Hopper, ni l'évocation par Hopper des Maures de Sicile. Ce qui m'ennuie le plus dans *Jackie Brown*, c'est l'absence totale de monologue. Les personnages évoluent dans un monde au ralenti, sans l'excitation des riffs, où l'inventivité ludique a disparu. La paire de flics obtus qui essaye de coincer Jackie reste terne car aucun d'eux n'a de parler propre à retenir notre attention. Ils ne sont jamais définis par leur langue mais par leurs ricanements et leurs reniflements, et ne sont pas assez drôles pour faire partie de la petite ménagerie de Tarantino. Les personnages de Leonard habitent un paysage bien plus naturaliste et, même si Tarantino ne l'admettra peut-être jamais, il avait dépassé le monde de Leonard à l'époque où il écrivait *Jackie Brown.* Sa langue à lui s'incarne dans une chair subtile. Ses histoires prennent « beaucoup plus de relief en étant racontées d'une façon délirante [32] », comme il le confie à Charlie Rose. Et la manière de Tarantino est bien plus délirante que celle d'Elmore Leonard.

Le créateur auquel il ressemble le plus est le romancier James Ellroy. Tous deux sont des garnements de Los Angeles et utilisent cette ville comme décor mythologique de leurs meilleures œuvres. Los Angeles est une sorte d'anti-New York, une ville sans centre faite d'une série de quartiers juxtaposés le long d'une route en bord de mer. Elle est anonyme, amorphe, riche en camouflages, de sorte qu'on peut s'y dissimuler tout en restant en vue et devenir un véritable caméléon. Si New York se distingue par le nombre et la variété de ses *ramblas*, des avenues où l'on peut croiser toutes sortes de civilisations en chair et en os, Los Angeles a ses autoroutes, qui vous portent d'un quartier à l'autre, d'enclaves bohèmes en ghettos riches ou pauvres. Les gens non motorisés y sont considérés comme des extraterrestres, ou pire.

Los Angeles et ses banlieues de bord de mer – comme Manhattan Beach et Torrance, où Tarantino a grandi – sont emblématiques de la vie moderne : les lieux deviennent « nulle part » et le psychisme doit se définir contre un vide, une culture insaisissable où les visages disparaissent puis réapparaissent dans un paysage différent, comme dans les planches des *comic strips* de George

Herriman, *Krazy Kat*, où Krazy déambule d'un désert à un océan ou le long d'un mur de brique tout en poursuivant la même conversation.

Ce sentiment d'être « déplacé » est comme une blessure chez Tarantino et Ellroy, où Los Angeles prend des airs de chez-soi qui ne peut jamais en être un. Tarantino et Ellroy étaient des vagabonds, des errants dans L.A. La blessure d'Ellroy est plus évidente et bien pire. Sa mère, Geneva Odelia Hilliker Ellroy, ou Jean, une rousse aux yeux noisette, fut assassinée, étranglée, lorsqu'il avait dix ans, en dernière année de primaire, « un enfant peureux et assez volatile [33] ». Au début, il était *presque* content. Sa mère, qui avait divorcé de son père, Armand Ellroy, un comptable « beau à tomber », l'avait amené de Santa Monica à El Monte, un « trou pourri » dans la vallée de San Gabriel, « un paradis de Blancs déclassés ». Il enrageait contre elle. « Je la détestais. Je détestais El Monte. Un tueur inconnu venait de m'offrir une belle vie toute neuve [34]. » Il emménagea avec Armand. Il se mit à la lecture l'été de la mort de Jean, piquant des livres pour accroître sa petite bibliothèque d'histoires policières adolescentes. « Chaque livre que je lisais lui rendait un hommage détourné. Chaque mystère résolu disait mon amour pour elle en ellipses [35]. »

Il idolâtrait son père, qui avait été autrefois le manager personnel de Rita Hayworth. Mais Armand pouvait à peine prendre soin de lui-même. Il avait cinquante ans de plus que le garçon, paraissait être son grand-père. Ellroy devait voler de la nourriture, sinon son père et lui n'auraient rien eu à manger. « Nous étions pauvres [...]. Nous portions des habits miteux [36]. » Comme Tarantino, il avait une « mauvaise hygiène » et devint un « adolescent pestiféré ». Il s'engagea dans l'armée à dix-sept ans et comprit que la vie de troufion n'était pas pour lui. Il se mit à bégayer. « J'étais un acteur de la méthode [Stanislavski, *N.d.T.*] puisant dans des ressources réalistes [...]. Mon long corps agité de tics était un formidable outil [37]. »

L'armée le congédia. Il se fit cambrioleur et voleur patenté. Il chapardait au domicile de femmes de connaissance, empochant petites culottes et soutiens-gorge. « Le cambriolage était du voyeurisme démultiplié [38]. » Il vivait dans la rue comme un loup à moitié domestiqué et passait ses journées à lire dans les bibliothèques municipales. Il fit des allers-retours en prison, devint alcoolique, comme sa mère et son père. « La prison était mon centre de remise en forme [39] » – elle l'assainissait. Il se mit à halluciner. Il fumait de l'herbe. « C'était comme essayer d'atteindre la lune dans une Volkswagen [40]. »

Hospitalisé, brisé, souffrant d'un abcès au poumon gauche de la taille d'un poing, il faisait toujours preuve d'un optimisme insensé. « Au faîte de mon autodestruction, je possédais une fibre d'autopréservation. Ma mère m'a transmis le don et la malédiction de l'obsession [41]. » Et cette obsession allait le porter vers l'écriture de livres – de livres comme autant de portraits déguisés de sa mère, souvenirs et rêves. « Je ne savais pas que raconter une histoire était ma seule vraie voix. [...] La narration était ma langue morale [42]. » Il avait aussi son thème à lui, sa vision énorme : reconstituer Los Angeles autour de la mort de sa mère. « Je voulais canoniser la face secrète de Los Angeles que j'avais aperçue pour la première fois le jour où la rouquine était morte [43]. »

Ellroy devint le poète de ce « paradis de beau linge », qui avait avalé Jean, l'avait dévorée. Il allait donner sa propre version du « jazz blanc » – et c'est cette même *musique* que nous entendons aussi sans cesse dans *Reservoir Dogs* et *True Romance*, les improvisations d'un assortiment de canailles. Les romans d'Ellroy se lisent souvent comme des riffs à rallonge. Et, la célébrité venant, Tarantino se mit à élaborer sa propre mythologie, à reconstituer son passé, prétendant qu'il venait du « paradis ringard » d'Ellroy, issu des « déclassés en mobil-homes », ce qu'il n'était pas. Car l'éducation qu'il a reçue est sans conteste celle des classes moyennes. Sa mère lui fournissait tout ce qu'il pouvait désirer, des figurines militaires aux jeux de société et aux livres. Pourtant, Tarantino était attiré par le mélange culturel *white trash* et noir, latino et samoan de Carson City, où se trouvait son cinéma préféré, le Carson Twin Cinema. « J'étais harcelé par les flics, dit-il. J'avais l'air *white trash*. Je n'allais jamais nulle part. Je ne quittais jamais le comté de Los Angeles [44]. »

Comme Ellroy, il était grand pour son âge – tous deux faisaient plus d'un mètre quatre-vingts à l'âge de quinze ans, tous deux avaient un grain de folie, leur sang suintait d'un soupçon de menace. La manager de Tarantino, Cathryn Jaymes, le voit comme « un composé d'Elvis et de Charles Manson [45] ». Et Tarantino aime se vanter de l'autre carrière qui aurait pu s'ouvrir à lui. « Si je n'avais pas voulu faire des films, j'aurais fini comme Ordell [Ordell Robbie de *Jackie Brown*]. Je n'aurais pas été postier, ni employé du téléphone, ni vendeur de magasin, ni grossiste en or. Je serais allé en taule [46]. » Tarantino a effectivement séjourné à la prison du comté de Los Angeles, mais seulement pour infractions routières. Ce n'était pas un cambrioleur comme Ellroy, même s'il témoigne une sympathie durable aux voleurs et à leur monde – sympathie qui, plus qu'un don impersonnel pour imiter Mr White ou Mr Blonde, donne toute sa puissance à *Reservoir Dogs*. Tarantino a aussi l'entêtement d'Ellroy, ce besoin de raconter. Il s'initie à la comédie, à l'écriture et à la mise en scène avec la ténacité d'un casseur. « Je ne prévoyais jamais une position de repli parce que je ne voulais pas d'un repli. [...] Je voulais continuer à faire mon trou », confia-t-il à Charlie Rose. Et il l'a fait.

Ellroy perdit sa mère de façon choquante et traumatisante, et dut devenir le père de son propre père, voler de quoi manger pour les nourrir tous les deux. Tarantino, lui, semble ne pas avoir eu de père. « Je… je n'ai qu'une mère [47] », déclare-t-il à un critique de cinéma. « Je n'ai jamais rencontré mon vrai père [48] », confie-t-il à un autre. Sa mère, Connie, a quitté son père, Tony Tarantino, un étudiant en droit et aspirant acteur, bien avant la naissance de Quentin. Connie avait rayé Tony Tarantino de sa vie, l'avait jeté dans l'obscurité. « [Quentin] est comme *moi*. C'est à *moi* qu'il ressemble [49]. » Elle emmenait Quentin au cinéma, pas pour voir des films de gamin ou quelque festival de dessins animés. Il avait vu *Ce plaisir qu'on dit charnel* à l'âge de six ans…

Si l'absence et la présence fantomatique de Jean Ellroy définissent l'art de son fils, James, si les romans de celui-ci sont des chants d'amour et de haine adressés à sa mère, la présence matérielle de Connie (et l'invisibilité du père) allait jouer un rôle considérable dans les films de Tarantino. L'escouade exclusivement masculine de gangsters sans envergure de *Reservoir Dogs* fournit à Tarantino une multitude de papas. Et *Jackie Brown* est autant un portrait voilé de sa propre mère – une mama forte et sexy qui peut se sortir de n'importe quel mauvais pas – qu'un hommage à la ruse de Pam Grier. Quant à la mariée de *Kill Bill* (Uma Thurman), c'est une machine à tuer bourrée de ressources, qui a hérité largement du dynamisme et du flair de Connie. (Elle a aussi hérité des stylos noirs et rouges qu'utilise Tarantino pour écrire tous ses scénarios ; la Mariée tient soigneusement le compte, avec les stylos de Tarantino, des « vipères » qu'elle a tuées.)

Ellroy et Tarantino sont deux autodidactes qui ont décidé de prendre seuls en main leur éducation ; la langue elle-même est devenue une sorte de quête. Tous les deux adorent la *pulp fiction* [50], toutes les formes populaires qui résistent à l'interprétation, qui se moquent de la culture dominante, qui ont la rudesse et l'énergie de la folie de *tous les jours*. Ce sont des auteurs de polars qui voient une poésie essentielle dans la langue des racailles. Ce sont des loups solitaires arrivés sans antécédents, qui se sont façonnés à partir de l'incertitude tout en paraissant sûrs de leur art.

« Quentin a bondi comme un diable de sa boîte, incandescent [51] », déclare Bruce Willis. Et ses lacunes en orthographe ne l'ont pas gêné. « La force de Quentin vient de sa capacité à écrire sans en être *physiquement* capable, remarque Roger Avary. Quentin écrit phonétiquement. [...] C'est un peu la pagaille [52]. » Mais c'est cette écriture phonétique qui a contribué à saisir les voix et les sons issus du paysage intérieur de ses personnages, quelque chose de proche de la langue des rêves, une langue que des acteurs tels que Tim Roth et Christopher Walken peuvent articuler suivant l'étrange diction qui leur est propre.

Et n'oublions pas les carnets de notes de Tarantino et ses stylos noirs et rouges. « Je ne sais pas écrire correctement à la machine. Alors quand je sais que je vais écrire un scénario, je vais dans une papeterie et j'achète un carnet de notes. [...] Et je dis : Bon, c'est le carnet dans lequel je vais écrire *Pulp Fiction* – ou n'importe quoi d'autre. J'achète aussi trois feutres rouges et trois feutres noirs. J'en fais un grand rituel. [...] Je peux emmener le carnet partout où je vais. Je peux écrire au restaurant, je peux écrire chez des amis, je peux écrire debout, je peux écrire allongé dans mon lit – je peux écrire n'importe où. Ça n'a jamais l'air d'un scénar, ça a toujours l'air de... du journal d'un fou [53]. »

Les scénarios de Tarantino ressemblent peut-être à « des pattes de mouche [54] », comme le dit Alexandre Rockwell, mais ces pattes de mouche – ce journal d'un fou – nous entraînent au fond d'un terrier de lapin, et, parmi les déformations bizarroïdes que nous y apercevons, nous entrevoyons souvent notre propre reflet.

1

Élevé par les loups

Dans *Li'l Abner*, le *comic strip* créé par Al Capp, un autre strip apparaît en abyme, celui d'un flic inefficace, Fearless Fodstick, qui se fait toujours attaquer et tirer dessus. Les balles lui traversent le corps, laissant des trous bien ronds qui ne lui font jamais mal et sont une sorte de marque de fabrique. En plein milieu d'une aventure, on peut trouver Li'l Abner sous un arbre, plongé dans la lecture de sa BD préférée où les mésaventures de Fearless deviennent les siennes. Li'l Abner est un adorable bon à rien, un géant à l'enthousiasme et aux capacités mentales d'un gamin de dix ans. Il vit dans un trou perdu, Dogpatch. Si Li'l Abner peut pénétrer dans n'importe quel *comic book*, on peut tout aussi bien imaginer Fearless sortant du monde de la bande dessinée. Il pourrait presque s'intégrer dans les paysages de Tarantino, un flic bouseux aux trousses d'autres bouseux…

Et pourquoi ne pas imaginer Tarantino sous les traits de Li'l Abner, un géant à l'énergie communicative qui n'a rien perdu de sa joie de vivre enfantine ? Même à quarante ans, il regarde des films comme un petit garçon. Être président du jury au Festival de Cannes de 2004 ne l'a pas empêché de se jeter dans chaque film qu'il visionnait. « Nous sommes censés être subtils, sérieux comme des papes, mais Tarantino n'était pas subtil du tout, se rappelle le réalisateur Jerry Schatzberg, membre du même jury. Pendant les scènes de bagarre [d'un film], il se bat, il est dedans. Il se met à applaudir.

Il rit, se bagarre : il devient partie intégrante du film. Il le vit. [...] Bien souvent il ne peut pas contrôler ses émotions. »

Schatzberg l'a rencontré pour la première fois dans un autre festival, en 1994, et il ne voit pas grande différence chez Tarantino depuis cette époque. « Il a le même enthousiasme, sinon plus. »

C'est comme s'il avait gardé l'innocence et le charme de Li'l Abner malgré son aisance à manœuvrer parmi les nababs. « Il émane encore de Tarantino quelque chose de maladroit et de virginal », écrit Larissa MacFarquhar dans un portrait qu'elle lui a consacré pour le *New Yorker*. Dogpatch est aussi entré dans son mythe personnel, dans la partie de ce mythe qui touche à son enfance, dont les versions et variantes sont multiples. Il aurait séjourné parmi les miséreux des *trailer parks* (parcs de mobilhomes) de Knoxville, Tennessee, et dans la banlieue côtière des alentours de l'aéroport international de Los Angeles.

Mais il n'y avait aucun Pôpa ou Môman Yocum [55] dans son enfance, même si plusieurs critiques ont parlé de grands-parents faiseurs de gnôle de contrebande et d'une mère hors norme, épouse et mère adolescente, qui a traversé tout le pays en mocassins, son bébé dans un *papoose* – une référence à ses origines cherokees.

« Je suis effectivement moitié cherokee, confirme Connie, mais ça ne se voit pas, et tout ça n'est que sensationnalisme – je n'ai pas traversé les États-Unis en mocassins ! La seule raison pour laquelle j'étais au Tennessee quand Quentin est né, c'est que j'étais en fac là-bas [56]. »

Il ne pouvait y avoir de grand-père vendeur d'alcool de contrebande puisque le père de Connie était mort peu après sa naissance. « Quentin arrivera à vous faire croire qu'il a été élevé par des loups [57]. » Mais peut-être est-ce le cas – tout au moins par les loups de sa propre imagination.

« [Quentin] va toujours de l'avant, avec une vision très positive des choses, remarque Alexandre Rockwell. Les articles qu'on a écrits sur lui disent qu'il a eu une sorte d'éducation à la Li'l Abner, mais sa mère n'est pas comme ça et Quentin non plus. Bien sûr, il y a sans doute une part obscure en lui car il passe d'une attitude très positive à une attitude plus négative où l'on sent que quelque chose le poursuit. C'est-à-dire, on sent qu'il y a *quelque chose* qui lui fait peur [58]. »

Toutefois, cette chose qui le poursuit, quelle qu'elle soit, est difficile à identifier. Il a modulé ses propres terreurs, les a utilisées dans son œuvre à tel point que John Travolta a fini par déclarer : « Je ne parviens pas à cerner sa peur [59]. » Jerry Schatzberg, Uma Thurman et d'autres l'ont quant à eux décrit comme « intrépide ».

Peut-être devrions-nous considérer Tarantino comme un faiseur de contes, avec les faiblesses et les multiples forces d'un enfant, convaincu que le danger est tapi partout, tandis que géants et loups veulent l'avaler tout cru et que la violence règne au quotidien, un élément parmi d'autres. Tarantino lui-même a évoqué le danger dans lequel baignaient ses *Dogs* : « La violence est un personnage supplémentaire dans la pièce. Elle plane sur toute l'action [60]. » La scatologie est aussi omniprésente dans ses films ; Tarantino est comme un gosse qui teste les limites et brise les tabous. Et nous devrions l'écouter quand il affirme que la comédie *Deux Nigauds contre Frankenstein* (*Abbott and Costello Meet Frankenstein,* 1948) est son film préféré – toutefois, ajoute-t-il, après *Rio Bravo* de Howard Hawks (1959). Son culte de la bande comique de cow-boys telle qu'elle apparaît chez Hawks est évident. Hawks détruit le mythe du western par une relecture parodique, comme pourrait le faire un enfant. Et, pour Tarantino, *Deux Nigauds contre Frankenstein* fait voler en éclats certaines idées toutes faites, soulignant que le comique et la terreur sont souvent inséparables, qu'ils relèvent de la même mécanique dans le système nerveux d'un enfant, où l'on passe de l'un à l'autre en un clin d'œil. D'abord « on est dans le rire, puis dans la terreur, puis dans le rire à nouveau [61] ». Ou, comme Tarantino le dira de *Reservoir Dogs* : « J'aime l'idée que le public est en train de rigoler et que tout à coup, BOUM, il y a du sang sur le mur. C'est là que les rires redoublent [62]. »

Tout jeune, chaque film qu'il voyait le transportait, et il reste, à l'âge adulte, sensible à cette magie et à cet émerveillement ; il refuse de s'en séparer. Son incapacité à écrire (ses « pattes de mouche ») ou à dire l'heure relève du même entêtement à garder les mystères et les rites magiques d'un enfant. Il a dû se produire quelque chose de si problématique dans l'enfance de Tarantino – avec ou sans les aventures de Li'l Abner – que le cinéma est devenu son filet de sécurité. Et c'est ce qui le distingue de la plupart des autres cinéastes : l'acte même de regarder un film, accompagné de son rire de hyène et d'une implication absolue dans l'action, était une question de vie ou de mort.

La mère de Tarantino, Connie McHugh, est née dans le Tennessee le 3 septembre 1946. Elle a vécu une enfance voyageuse, vagabondant de tous côtés. « Ma mère était toujours par monts et par vaux, et je préférais ma grand-mère et ma tante [63]. » À six ans, elle vivait déjà avec des parents de substitution, Betty et Ellen Schaffer. Mais son goût du voyage ne s'arrêta pas là. Après le collège, elle déménagea en Californie du Sud, habita chez une tante et passa son bac à quinze ans. Elle était débrouillarde, intelligente et fébrile. « Tous les autres partirent à l'université [64] », et Connie se retrouva comme une Cendrillon intellectuelle qui avait la permission de minuit. Mais elle était toujours trop jeune pour vivre seule. Au cours d'une séance d'équitation dans un club local, elle rencontra Tony Tarantino, un étudiant en droit de vingt ans qui aspirait à devenir acteur, et l'épousa. Elle tomba « accidentellement » enceinte. « J'étais tellement furieuse d'être enceinte, parce qu'il m'avait dit qu'il ne pouvait pas avoir d'enfants [65]. » Connie retourna au Tennessee sans Tony et entra à l'université. Elle avait seize ans et suivait des études de microbiologie et d'infirmière à Knoxville quand Quentin vit le jour, le 27 mars 1963.

Le mythe Quentin Jerome Tarantino commence avant même sa naissance. Son prénom fait déjà débat. « Quentin », ou « Quint », vient de deux sources : William Faulkner et la télévision. Connie avait un faible pour le personnage de Quint Asper, un forgeron indien métis joué par Burt Reynolds dans *Le Tueur du Montana (Gunsmoke)*, la série télé la plus populaire des années cinquante et soixante. Elle adorait aussi *Le Bruit et la Fureur* de Faulkner et, en particulier, les personnages de Quentin Compson et de sa nièce, prénommée comme lui et aussi fébrile que Connie elle-même. « J'ai décidé quand j'étais enceinte que le nom du bébé serait Quentin, que ce soit un garçon ou une fille [66]. » Avec sa structure temporelle éclatée, *Le Bruit et la Fureur* servirait plus tard de modèle à Tarantino pour la construction de *Reservoir Dogs* et *Pulp Fiction*, dont les « chapitres » bousculent le récit dans tous les sens.

Le petit Quentin alla vivre chez sa grand-mère pendant que Connie finissait ses études. Celle-ci retourna en Californie du Sud et, au bout de six mois, se fit amener Quentin. Il avait désormais deux ans et demi, et un passé de superbébé derrière lui, doté du même genre de détermination que sa mère. Connie épousa un musicien local, Curtis Zastoupil, qui adopta le petit garçon. Le frère de Connie et le frère de Curt partagèrent leur vie pendant quelque temps, et Quentin Tarantino, devenu Quentin Zastoupil, était entouré d'oncles et d'un beau-père qui travaillait rarement, tandis que Connie construisait sa carrière de cadre dans un groupe d'assurances santé. Mais elle passait aussi beaucoup de temps avec « Q », comme elle l'appelait, et l'emmenait au cinéma. Connie se sentait tout aussi enfant que Quentin lorsqu'ils regardaient *Ce plaisir qu'on dit charnel* ou *Bambi*. Tous deux étaient terrorisés par la mort de la maman de Bambi. Il y avait une étrange relation entre mère et fils, presque comme si Connie était une grande sœur à l'enfance avortée (mariée et mère à seize ans) et qui revivait son enfance avec lui, même si dans le même temps elle devait subvenir aux besoins de Quentin *et* de Curt.

Curt était lui-même plus un grand frère qu'un beau-père ; il disparaît assez tôt de la vie de Quentin (Connie divorça quand « Q » avait neuf ou dix ans). Pourtant, Tarantino allait, d'une curieuse façon, mythifier Curt. La famille de Curt, Tante Ginny et Oncle Conrad, apparaît dans la famille de Jimmie de Toluca Lake, le personnage qu'interprète Tarantino dans *Pulp Fiction* : Tarantino ne laisse pas facilement tomber les membres de sa famille. Même si son parent le plus proche, son propre père, Tony Tarantino, est devenu un sujet tabou à la maison, jamais mentionné, au point que « Q » lui-même affirme n'avoir qu'une mère. Pourtant, ce père invisible a dû le marquer. Le portrait le plus tendre et le plus touchant de toute son œuvre est celui de Clifford Worley (Dennis Hopper), le père de Clarence dans *True Romance*. Cliff, qui vit dans un parc de mobil-homes, est un père « perdu » dans son petit monde personnel. Et le dialogue entre père et fils semble venir d'un autre lieu psychique, il est différent des répliques mordantes habituelles des personnages de Tarantino ; une corde sensible est touchée et, l'espace d'un instant, nous nous trouvons hors de la comédie ou de la menace.

Cliff semble parler de Tarantino lui-même quand il dit à Clarence : « T'es exactement comme ta putain de mère. J'ai pas entendu parler de toi pendant trois ans. Et puis tu te pointes comme une fleur à huit heures du mat. Tu déboules comme un foutu bulldozer [...]. Comprends-moi, je suis content de te voir [...] mais ralentis un peu. »

Et son jacteur de fils lui raconte le pétrin où il est – le cadavre qu'il a laissé derrière lui (Drexl) et la cocaïne qu'il a fauchée à Blue Lou Boyle. Un ancien flic. Cliff glane autant d'informations qu'il le peut. Et quand Dennis Hopper prononce : « Je t'aime, fiston », réplique qu'il a rarement dite à l'écran, nous sentons un courant sous-jacent d'émotion. Clarence et Alabama vont passer leur lune de miel en Californie (avec la cocaïne). Entre alors en scène Don Vincenzo (Christopher Walken). Et pour éviter de se faire torturer et de trahir son fils, Cliff débite son monologue sur les Siciliens et leur « gène nègre », sachant que Don Vincenzo va l'exécuter immédiatement…

Quoi que Tarantino ait pu emprunter, voler ou cannibaliser dans les œuvres de romanciers ou d'autres cinéastes, ce moment lui appartient en propre. C'est le souvenir d'un enfant, crypté quelque part en lui, à propos d'un père qu'il ne lui a pas été permis d'avoir mais qu'il a pu conserver dans la panoplie de son imagination. Et la rencontre entre père et fils possède une alchimie qu'on trouve rarement dans quelque film que ce soit.

Une partie du problème de Tarantino lorsqu'il était petit tient à cette profusion d'hommes (sans père réel) autour de lui et à la présence d'une mère qui le subjuguait. « Il a adoré le jardin d'enfants, dit Connie. Après, ça a été la dégringolade [67]. » Le jardin d'enfants est plus un lieu de jeu que d'apprentissage. Les difficultés sont apparues plus tard, dès ses premières années de primaire. « Quelque chose ne s'est pas déclenché [68]. » Il était coincé, n'arrivait pas à progresser, comme si le temps avait gelé autour de lui et qu'il restait toujours petit garçon – dysfonctionnel, comme le qualifiaient ses professeurs, hyperactif. Mais c'est l'acteur Steve Buscemi, plutôt qu'un psychologue pour enfants, qui saisit le mieux l'énigme de Tarantino. « Quand j'ai vu *Pulp Fiction*, le petit garçon [le jeune Butch] assis tout seul dans la pièce, avec la télé comme seul copain – pour moi, c'était Tarantino [69]. »

C'est la même scène où le capitaine Koons (Christopher Walken) raconte au garçon l'histoire de la montre en or de son père mort. Au début de la scène, le garçon regarde *Clutch Cargo*, un des dessins animés les plus étranges et envoûtants jamais diffusés à la télévision ; il présentait une « animation limitée », où seules les lèvres du personnage bougeaient ; sinon, c'était une juxtaposition de plans fixes. À travers une technique appelée « Synchro-Vox », des lèvres humaines étaient surimposées sur les bouches de personnages aux allures de zombies. Clutch Cargo était un pilote toujours en vadrouille, tuteur d'un petit gamin à taches de rousseur, Skinner, dont le chien s'appelait Paddlefoot.

Nous ne faisons jamais la connaissance de Clutch, seulement de son fils adoptif, qui ressemble à la marionnette d'un ventriloque, un garçonnet de bois aux lèvres fantômes. Skinner présente une ressemblance stupéfiante avec Tarantino lorsqu'il jouait avec ses figurines de GI Joe et de Spiderman, les faisant parler, utilisant tous les jurons qu'il avait dû apprendre de ses oncles et de son beau-père. Puis il s'excusait auprès de Connie : « C'était pas moi, maman. C'était le soldat Joe et Spiderman qui parlaient à Batman [70]. »

Il était devenu à la fois le ventriloque et la marionnette ; et, à un certain point, la schizophrénie créative aidant, il ne pouvait plus faire la différence. Ce jeu dramatique allait se révèler bien utile quand il se mit à écrire des scénarios et à jouer tant de voix différentes – que ce soit Batman ou Mr Blonde. Mais les scénarios étaient écrits de la même écriture enfantine, comme s'il refusait d'apprendre ou de reconnaître tout signe en dehors des siens. Il a aussi toujours collectionné les figurines – parfois gigantesques –, les jeux de société et les bandes dessinées. Les appartements où il a vécu en étaient bourrés, ainsi que d'une réserve de six mois de Yoo-hoo – une boisson chocolatée diaboliquement sucrée et adorée des enfants comme des adultes.

Le premier biographe de Tarantino, Jami Bernard, parle de son adoration des « détritus de l'enfance ». Pendant un temps, il ne voyageait jamais nulle part sans ses figurines. Il séjourna une fois chez Alexandre Rockwell et sa femme, l'actrice Jennifer Beals. « On n'entrait jamais dans la pièce qu'il occupait parce que, se rappelle Rockwell, c'était comme si une bombe de culture pop avait explosé, avec des canettes de Dr Peppers à moitié consommées, des jeux de société, des mannequins de John Travolta grandeur nature[71]. »

C'est justement ce bric-à-brac de rêves et de vestiges d'enfance qui a constitué la marque de fabrique de l'art de Tarantino. La persistance de ses traits enfantins lui a permis de rester innocent et brutal, comme un roi de conte de fées aux commandes de personnages qui déblatèrent avec la précipitation des gosses. Des gosses qui aboient toutes les folies qui leur passent par la tête et habitent une espèce de caverne primordiale, à l'image de Jack Rabbit Slim's, le resto rétro de *Pulp Fiction* aux allures de ciné-palace monstrueux, où les objets prennent le pouvoir, capturent les humains qui s'y aventurent et les transforment en figurines…

La situation scolaire de Tarantino n'allait faire qu'empirer. Il redouble sa troisième et, finalement, à quinze ou seize ans, quitte l'école. Il voulait *animer* les voix de ses figurines, devenir acteur, mais Connie exige de lui qu'il trouve aussi du travail. Il devient ouvreur au Pussycat, un cinéma porno de Torrance. Il dépassait le mètre quatre-vingts et pouvait en imposer mais il était peut-être le seul dans la salle à ne pas apprécier le porno. Ces films lui paraissaient crades, dépourvus du manège irréel de personnages pris dans leur propre tourbillon. Et surtout, ils n'étaient pas drôles.

Dès qu'il fut sorti du cadre de l'école, Connie n'eut plus vraiment de prise sur lui. « On en était arrivé au point où le cheval était lâché hors de l'écurie[72]. » Quentin traversait aussi une phase de métamorphose personnelle, jouant avec des pseudonymes, comme « Quint Jerome ». Il ne pouvait certainement pas être acteur sous son nom légal, Quentin Zastoupil. Les gosses de l'école l'avaient surnommé « Disaster-Pill » (la pilule du désastre). Il se débarrassa donc de « Disaster-Pill » et reprit « Tarantino ». Puis il alla s'inscrire à la James Best Theater Company de Toluca Lake.

C'était en 1981. Quentin avait l'air d'un Li'l Abner à menton en galoche. « Jimmie » Best avait travaillé avec le réalisateur Sam Fuller, « un des plus grands hommes sauvages du cinéma[73] ». Le style « bagarreur » de Fuller allait contribuer à former celui de Tarantino comme réalisateur. Best avait joué dans *Verboten !* (1959) et *Shock Corridor* (1963), deux films qui rejettent la notion hollywoodienne de narration « bien léchée » et nous entraînent au bord du chaos. Mais Fuller ne trouva jamais un large public, et ce fut la télévision qui apporta à Jimmie Best un peu de renommée. Il interpréta un shérif lourdaud, Rosco P. Coltrane, dans *Les Ducs de Hazzard (The Dukes of Hazzard*, 1979-1985). Le comté de Hazzard, en Géorgie, est ce qui se rapproche le plus de Dogpatch, une cambrousse où une famille d'anciens bouilleurs de cru clandestins, les Dukes, lutte contre un commissaire corrompu et ses sbires abrutis. « The Dukes of Hazzard » était aussi un des jeux de société collectionnés par Tarantino. Il introduisit Jimmie Best dans sa propre ménagerie en appelant un des personnages de *Pulp Fiction* « Jimmie de Toluca Lake », interprété par… Tarantino lui-même.

Quentin rencontra des difficultés avec la troupe de théâtre James Best : « Petit à petit, j'ai réalisé que je ne cadrais pas avec les autres acteurs de l'école. J'étais trop dingue de cinéma et mes idoles n'étaient pas d'autres acteurs. C'étaient des réalisateurs, comme

Brian De Palma. J'ai alors décidé que je ne voulais pas être dans les films, que je voulais faire des films [74]. »

Tarantino changea d'école, alla étudier avec Allen Garfield, qui le poussa vers la mise en scène. « C'était génial parce que je pouvais diriger des scènes pendant ses cours [75]. » Et ce fut Garfield qui, le premier, sut percevoir le « triplé gagnant » de Tarantino – comme acteur, auteur et réalisateur – qui, cette fois-ci, ne capoterait pas en route comme Orson Welles, dont le brio « ne se manifesta plus qu'occasionnellement après sa première acclamation [76] ».

Après avoir quitté le Pussycat et enduré « un petit boulot à la con par-ci et un petit boulot à la con par-là [77] », il tomba sur son petit Xanadu à lui : Video Archives, un lieu qui, selon Peter Biskind, « aimantait tous les cinglés de ciné de South Bay [78] ». Lance Lawson, le propriétaire de la boutique, se souvient de la première apparition de Tarantino à Video Archives ; c'était en 1983, et Tarantino avait vingt ans. « Il est passé un jour en cinéphile et on a commencé à papoter cinéma et discuter de Brian De Palma. Quatre heures plus tard, on y était encore [79]. »

Bientôt, Lawson l'embauche à quatre dollars de l'heure, et le stock entier du loueur de vidéos entretient une fête permanente puisque Tarantino peut emporter chez lui toutes les cassettes qu'il veut. La boutique elle-même allait devenir son chez-lui. « J'ai quasiment habité là pendant des années. Après le boulot, on fermait le magasin et on s'installait pour regarder des films toute la nuit [80]. »

Il forme sa propre équipe de « Reservoir Dogs » avec les autres employés de la boutique, qui avaient le même genre d'ambition que lui. Des critiques tels que Biskind ont romancé cette relation au vidéoclub, celui-ci étant convaincu que Tarantino « est sorti comme un papillon exotique du cocon de [Video] Archives [81] ». Mais Tarantino était un papillon exotique bien avant son arrivée chez le loueur de vidéos. Il écrivait déjà des histoires à dix ans, alors même qu'il était la seule personne au monde à pouvoir déchiffrer ses « pattes de mouche ». Et il écrivait *sans cesse*, se souvient sa mère. « Chaque année, je recevais une histoire pour la fête des mères. Mais il me tuait toujours dans l'histoire [82]. »

Video Archives agrandit son milieu naturel, lui apporte une petite troupe de fous d'images. Des collègues comme Roger Avary, Stephen Polyi et Gerald Martinez étaient comme des frères rivaux, des frères qu'il n'avait jamais eus, dans un autre univers sans père puisque Lance Lawson était absent une bonne partie du temps. Tarantino était paumé… et tyrannique. Les « Archive Dogs » devaient veiller sur lui. « Il n'avait aucune notion des chiffres ni de calcul, ni le moindre sens de l'orientation – vous ne pouviez pas lui indiquer le chemin, il fallait le prendre par la main et lui montrer [83] », se souvient Stephen Polyi. Et les « Dogs » durent le sortir de taule quand la police le rattrapa avec sa note de contraventions, d'un total, dit-on, de sept mille dollars. Cependant, Tarantino n'était pas un fan typique. Quand un client voulait des renseignements sur un film, il lui jouait des scènes entières ; il connaissait les décors et les dialogues par cœur. « C'était un des rares endroits où Quentin pouvait se pointer comme un type normal pour avoir du boulot et être une star, commente Martinez. Parce que c'était en quelque sorte "la star du magasin" [84]. »

Il se considérait comme le Pauline Kael [85] de Video Archives. Le garçon élevé par les loups dévorait les livres avec l'appétit insatiable d'un loup. Même pendant ses journées au vidéoclub, il débranchait son téléphone et passait « dans la clandestinité », le nez dans un livre. « J'aime lire. C'est presque comme le sexe dans une relation – il faut le pratiquer sans cesse sinon vous arrêtez de le faire [86]. »

Il commença à lire Pauline Kael à seize ans. « J'ai lu tout ce qu'elle a écrit pour le *New Yorker* et me suis procuré tous ses livres et j'ai appris autant d'elle que des cinéastes. Elle m'a enseigné comment séduire théâtralement, comment créer un lien avec le public. Elle a été mon professeur [87]. »

Le succès de Tarantino a été tel après *Pulp Fiction* (premier film indépendant à rapporter plus de cent millions de dollars) que les critiques en sont venus à le voir comme le gourou d'une nouvelle culture de vidéo-cinéphilie qui aurait transformé toute une bande d'ex-employés de vidéoclub, dont Roger Avary et Kevin Smith, en cinéastes. *Clerks* (1994) de Smith met en scène un employé de vidéoclub qui ouvre et ferme boutique selon son humeur. Le film est drôle et triste, émaillé de grossièretés, et nous offre un aperçu d'une zone sinistre du New Jersey, en noir et blanc (en fait, Smith était lui-même employé dans une épicerie qui sert de décor principal au film). Tout à coup, il y eut un engouement pour les cinéastes qui n'étaient pas passés par NYU, UCLA ou USC, au contraire d'Oliver Stone, Steven Spielberg, Martin Scorsese, Francis Ford Coppola et George Lucas.

La bande d'ex-employés avait un porte-parole en la personne de Roger Avary, qui exprimait leurs envies et leurs aspirations. De deux ans plus jeune que Tarantino, Avary est né au Canada. Il a étudié le cinéma au Art Center College of Design de Pasadena, mais abandonné avant la fin. Video Archives lui a donné toute la culture cinématographique dont il avait besoin. « Pourquoi aller à l'école de cinéma pour écouter quelqu'un discourir à l'ancienne sur les films quand vous pouvez échanger des vues et parler cinéma pendant huit ou dix heures par jour avec vos potes ? C'était la meilleure école de cinéma qu'on ait connue [88]. »

Lorsque la vidéo est arrivée avec son avatar, le vidéoclub, « une culture de la rareté se transforma, presque du jour au lendemain, en une culture de l'abondance, dépouillant [ainsi] le cinéma de son halo hiératique, de la mystique de l'image [89] », qui avait auparavant constitué le fondement d'une sorte de profession de foi pour les auteurs et critiques français et américains, de François Truffaut à Martin Scorsese en passant par Arthur Penn. La vidéo a apporté une « Réforme », écrit Peter Biskind, rendant obsolètes les écoles de cinéma avec leurs professeurs-prêtres attachés à la « religion du cinéma ».

« Il y a une nouvelle génération de réalisateurs, et elle sort des vidéoclubs [90] », déclare Roger Avary, de ces boutiques aux milliers de films immédiatement accessibles sur leurs étagères. Puis vint la nouvelle mystique – selon laquelle la vidéo, la télévision, les bandes dessinées et les jeux de société permettaient une appréhension plus profonde et une langue plus vivante que toute interprétation stricte du passé. La culture n'avait pas besoin de « se civiliser » et le vidéoclub « facilitait un nouveau brutalisme » dont Tarantino était, selon Biskind, « le meilleur adepte [91] ».

Mais ce mythe originel est quelque peu boiteux. Car Tarantino a plus en commun avec des innovateurs tels que Godard et Jean-Pierre Melville qu'avec Roger Avary ou Kevin Smith. Ses lacunes culturelles ainsi que les icônes pop qui l'entourent font partie de l'image qu'il adore projeter. Pourtant, *Clerks* n'a pas la « structure ésotérique » évoquée par Peter Wollen ; la narration se construit sur un ennui joueur et triste qui est assez fort en soi mais ne résiste pas aux visionnages répétés ; les blagues deviennent plates, et les personnages de plus en plus prévisibles jusqu'à ce que le chaos vire à l'ennui. En revanche, plus on scrute *Reservoir Dogs* et *Pulp Fiction*, plus on découvre. La structure des deux films est cachée, presque malléable, et se déplace chaque fois qu'on tombe sur un personnage et son agitation intérieure.

Tarantino est assez cruel avec Roger Avary, qui a contribué à l'écriture de *Pulp Fiction* et a partagé un Oscar du meilleur scénario : « Roger travaillerait aujourd'hui dans une agence de pub si ma mère n'avait pas rencontré mon père. Si je n'avais jamais existé, Roger n'aurait jamais tourné la moitié d'un mètre de pellicule, jamais. Et si je n'avais pas écrit *Pulp Fiction*, il n'aurait jamais remporté un Oscar. »

Mais au moins y a-t-il une touche de vérité dans les déclarations de Tarantino. Il a créé un ouragan autour de lui, un champ de force qui a entraîné les employés du vidéoclub et autres allumés qui voulaient faire un film. Il n'y a pas de génération de génies de vidéoclubs. Il s'est trouvé plusieurs réalisateurs talentueux qui ont gravité vers le vidéoclub de cette galerie marchande à l'époque des galeries marchandes. Mais ces vidéoclubs se sont stérilisés à l'âge du DVD. Si Scorsese, Coppola et Lucas ont prospéré dans les années soixante-dix, ce n'était pas grâce à une quelconque école de cinéma ; c'était parce que Hollywood cherchait à sortir de son bégaiement en accueillant de jeunes metteurs en scène avec une vision et un sens tactile du cinéma.

Tarantino s'est nourri des films des années soixante-dix, les a absorbés mentalement comme il absorbait tout le reste. Il est arrivé au cinéma à une époque où Hollywood était coincé dans une mentalité passéiste, une vision nostalgique de l'histoire américaine. Et l'*étrangeté* de *Reservoir Dogs*, son originalité n'a pas joué en sa défaveur. Tout à coup, un « homme de films » comme Tarantino, un fruste employé de vidéoclub se révélait « vendable » – le Candide de South Bay. Pourtant, il était bien plus cultivé que Hollywood n'aurait jamais pu l'imaginer, bien plus ambitieux aussi et certain de ce qu'il valait. En plus, l'employé de vidéoclub cultivait son aura particulière. « Maintenant, Video Archives ressemble à la réponse de Los Angeles aux *Cahiers du cinéma* », déclara Tarantino dans une interview de *Rolling Stone*. « Chez William Morris [92], on va dire aux agents : "Faut aller voir ce qui se fait sur la scène des vidéoclubs." [93] »

Tarantino, lui, créait sa propre « scène », son propre *bruit*, animé de sa féroce volonté personnelle. Les cinglés de films doivent « tenir leur propre opinion en haute estime [...]. C'est celui qui a le point de vue le plus affirmé qui l'emporte. Quand j'entre dans une pièce, j'ai toujours le point de vue le plus affirmé [94] ».

C'était « un mec grand, baraqué, à l'air inquiétant. Il a les cheveux fous [95] », écrivait un critique de cinéma. Il s'habillait en noir, portait une créole à l'oreille, conduisait une Honda Civic, vivait dans un appartement minable juste derrière la boutique. Il a dirigé Video Archives quelque temps mais, même en tant que manager, il lui arrivait de ne pas se pointer au boulot. Il s'est fait renvoyer plusieurs fois, puis réembaucher, au fil du roulement permanent de personnel. Les clients convergeaient vers lui et les films qu'il adorait. « Il pourrait vous vendre un rendez-vous pour la chaise électrique [96] », dit Lance Lawson.

Il pouvait être très généreux et très, très mesquin. « En enfant unique, il ne partage pas ses jouets », écrit Jami Bernard. S'il concède qu'il n'a « aucun style [97] » en matière de vêtements, de voitures ou de meubles, ça ne l'empêche pas d'être fin connaisseur en fast-food, en bandes dessinées et en jeux de société. Un réalisateur qui fait un film tocard et commet un péché créatif grave « devrait aller dans la prison du cinéma [98] » du monde de Tarantino, qui consiste en une planche de Monopoly géante.

Comme Steve Buscemi l'a fait remarquer, Tarantino est resté cet enfant seul dans sa chambre, avec une télé géante pour amie, sorte de cordon ombilical réconfortant. Des critiques ont reproché à Tarantino d'avoir créé un « univers parallèle » qui semble éloigné des préoccupations de ceux qui pensent, sentent et respirent comme des adultes. Et ils mettent cela sur le compte de son immersion dans la production industrielle de culture populaire, comme un personnage prépubère englué dans toutes sortes d'artifices et d'objets divers – canettes de Yoo-hoo, figurines de John Travolta et séries télévisées décervelées – au lieu de vivre la romance de la vie. Pourtant, Tarantino est tout à fait vivant et son « univers parallèle » ressemble à celui d'un autre personnage prépubère, un tuteur de mathématiques du XIXe siècle, Charles Lutwidge Dodgson, qui ne s'est jamais marié, a passé l'essentiel de son temps à chaperonner et photographier des petites filles, s'écartait rarement de ses appartements dans une tour de l'université de Christ Church, et qui écrivit deux livres pour enfants, *Alice au pays des merveilles* (1965) et *De l'autre côté du miroir* (1872), sous le nom de Lewis Carroll. Dodgson avait une place d'étudiant permanente à Oxford, où il pouvait étudier ce qu'il désirait tant qu'il restait célibataire, comme un grand enfant. Petit garçon, il exécutait des tours de magie et, tout au long de sa vie, il collectionna les boîtes à musique et les jouets mécaniques. « Tout chez Carroll soulignait le désastre de sa vie personnelle. Il était presque la parfaite illustration du névrosé inadapté [99] », écrit le critique Peter Coveney ; un « recteur balbutiant, maladroit, aux airs de vieille fille, prisonnier de Christ Church, à Oxford, de l'âge de dix-neuf ans à sa mort. [...] Les enfants étaient, de son propre aveu, les trois quarts de sa vie [100] ». La belle et célèbre actrice Ellen Terry, une de ses amies adultes, observa : « Il m'aimait autant qu'il pouvait aimer quiconque de plus de dix ans [101]. »

Un des charmes mystérieux des livres d'Alice est qu'ils ressemblent au numéro de prestidigitation d'un enfant brutal et intelligent. Carroll *devient* Alice, un « monstre fabuleux » qui a sept ans dans le premier livre et six mois de plus dans le second. Il endosse tous les attributs d'Alice, comme une sorte de travesti littéraire. Certaines personnes qui l'ont observé tandis qu'il vieillissait ont déclaré que « son visage était devenu poupin et manifestait le maniérisme gêné d'une petite fille [102] ».

Que ce soit ou non un mythe, Dodgson-Carroll était obsédé par l'enfance, « quand le Péché et le Chagrin ne sont que des noms communs – des mots vides ne signifiant rien [103] ».

Dans le premier livre d'Alice, nous rencontrons la Reine de Cœur, une femme dont la sauvagerie s'exprime par la rengaine cruelle : « Qu'on leur coupe la tête ! » Carroll l'appelle « l'incarnation de la passion incontrôlable – une furie aveugle et gratuite [104] ». Mais le critique et poète William Empson fait finement remarquer que « la Reine de Cœur est un symbole de "passion animale incontrôlée" vue à travers le regard limpide mais vide de l'asexualité [105] » (ou tout au moins de l'illusion de l'asexualité dans la mesure où les désirs cannibales d'Alice sont profondément sexuels). Les mots d'Empson pourraient tout autant décrire les gargouilles de *Reservoir Dogs* et *Pulp Fiction*, qui n'arrêtent pas d'aboyer des commentaires sur le sexe mais ne sont jamais poussés par le moindre désir profond. Vincent Vega (John Travolta) sort avec Mia Wallace (Uma Thurman), la femme de son chef, mais tous deux pénètrent dans le royaume de Jack Rabbit Slim's, où la sexualité vire à la nostalgie. De même, Butch (Bruce Willis) et sa copine, Fabienne (Maria de Medeiros), sont complètement asexués quand ils font l'amour.

Les royaumes magiques que révèlent Lewis Carroll et Tarantino sont des endroits terrifiants *et* hilarants qui recouvrent un vide – le vide qui entoure tous les monstres humains, les pattes de mouche qui dissimulent la blancheur de la page, les aboiements qui nous font oublier la blancheur impitoyable et éblouissante de l'écran. Carroll, dans les deux livres d'Alice, et Tarantino, dans ses deux premiers films, révèlent la fragilité de nos propres petits mondes en nous emmenant très profond dans une « forêt » appelée le pays des merveilles ou Los Angeles, où le temps et l'espace tourbillonnent sous nos yeux, où des gargouilles comme Vincent meurent et reviennent à la vie, où un œuf surdimensionné comme

Humpty Dumpty peut devenir critique littéraire et les licornes être plus malignes que des petites filles. Carroll et Tarantino ont tous deux compris le pouvoir féroce du « jeu » – ce pur jeu – qui nous fait chanter dans le noir et sauter de plain-pied dans le bestiaire d'un enfant, un tableau qui est bien plus séduisant que les règles et les habitudes de notre moi civilisé.

2

Reservoir Dogs et l'ex-bossu de Notre-Dame

Certains critiques et plusieurs « Dogs » de Video Archives aiment voir Tarantino comme un ouragan venu de nulle part, prédestiné à un fabuleux succès ; tout ce que le maestro de Video Archives avait à faire était de sauter à cloche-pied le long de quelques carrés magiques comme Alice au-delà du miroir et s'autocouronner roi de Hollywood. Le garçon qui voulait être star réussit à le devenir par la force de sa volonté. Mais ce n'est pas comme cela que Tarantino lit les cahots et zigzags de sa carrière. Il a connu les difficultés d'un scénariste avec une « patte » particulière. Il refusait d'être un exécutant dans l'orbite de quelqu'un d'autre. Tarantino affirme n'avoir jamais « écrit pour vendre. J'ai écrit des choses à tourner. Mais je n'arrivais pas à percer. C'était une vie gaspillée [106] ».

Au cours de ses premières années à Video Archives, il commença un film, l'intitula *My Best Friend's Birthday*, et travailla dessus avec Roger Avary, d'autres Archive Dogs et des connaissances rencontrées aux cours d'art dramatique. Tout son argent partait dans ce film et il était sans arrêt fauché. Roger et lui étaient unis par un lien puissant. Leur collaboration commença dans la rivalité, mais Roger se rendit bientôt compte d'une chose : « Nous avions exactement les mêmes goûts. C'était *kismet* (le destin) [107]. » La scène d'ouverture se passait dans la cabine acoustique de la station de radio K-Billy. Tarantino allait sauver « K-Billy » du naufrage de ce projet et le réutiliser dans *Reservoir Dogs* où la station est une espèce de « personnage invisible [108] » ou de maison hantée qui entoure l'action. « Roger et moi avons écrit toutes les pubs qu'on entend dans le film [*Reservoir Dogs*], les bulletins de circulation, les chroniques radio – tout. »

Mais, en dépit des tactiques de guérilla de Tarantino, *My Best Friend's Birthday* semblait voué à rester inachevé. L'énergie lui manqua et le film se termina en « grattouillis de guitare [109] », quoique d'une guitare assez atypique. L'idée du film était venue de Craig Hamann, qui suivait aussi le cours de James Best. Tarantino et Hamann coécrivirent le scénario final. Le film était censé *révéler* leur talent d'acteurs et servir en quelque sorte de carte de visite. Tarantino interprète Clarence Pool, un disc-jockey de « K-Billy » aux allures de vampire, qui adore porter un anneau d'or à l'oreille et se travestir en Elvis. Son riff d'ouverture raconte comment une sitcom hollywoodienne (*La Famille Partridge*) l'a sauvé du suicide. Hamann joue Mickey, le meilleur ami de Clarence, un garçon incapable de garder une fille ou un boulot. Clarence offre à Mickey, comme cadeau d'anniversaire, une nuit avec une prostituée, mais le maquereau de celle-ci fait irruption et Mickey finit les mains vides, comme d'habitude. Tarantino allait recycler ce film dans *True Romance*, où un autre Clarence, lui aussi une réplique d'Elvis, s'enfuit avec Alabama, une prostituée qui lui a été prêtée pour une nuit. Allen Garfield apparaît aussi dans *My Best Friend's Birthday*, où il déclare à Clarence que « Marlon Brando était un grand acteur » alors qu'Elvis (comme acteur) « était un cas désespéré ». Il est possible que Tarantino ait, dans cette scène, cannibalisé ses cours d'art dramatique, ses propres séances et querelles avec Allen Garfield. Le film tout entier donne l'impression d'être une répétition d'autre chose, un laboratoire des projets à venir de Tarantino. Il baigne dans son hystérie particulière ; l'éclairage est médiocre ; le son semble sortir d'un microphone défectueux, mais *My Best Friend's*

Birthday dégage une énergie brute que Tarantino allait redécouvrir dans *Reservoir Dogs*.

Cette réalisation ne lui fut presque d'aucune aide. Tarantino trouva un manager, en la personne de Cathryn Jaymes, mais il n'arrivait toujours pas à se faire engager comme acteur. Il avait « huit années de néant derrière lui », comme il le résuma à Charlie Rose. Il acheva *True Romance* en 1987, alors qu'il était encore à Video Archives, mais n'arriva pas à générer le moindre intérêt à Hollywood. Le scénario lui était retourné, souvent « aux frais de l'envoyeur [110] », avec les plus cruelles lettres de rejet, qualifiant son travail de *vomissure* de malade mental.

Tarantino retourna chez sa mère en 1989, après avoir quitté Video Archives. Il griffonna un autre scénario, *Natural Born Killers*, sur un duo de cinglés sanguinaires, Mickey et Mallory Knox, qui se transforment en stars médiatiques dans une Amérique dingue de médias. Tarantino voulait incarner lui-même Mickey dans ce film qu'il comptait produire, paraissant avoir un faible pour les tueurs psychopathes baignant dans une culture *trailer trash* [111]. Mickey Knox est un amalgame de Mickey Rourke et du Tarantino de Knoxville, dans le Tennessee.

Rourke est le mauvais garçon du cinéma américain ; il a grandi dans un des taudis les plus déshérités de Miami, est devenu boxeur amateur, a filé à New York pour étudier l'art dramatique et vécu « clandestinement » comme employé de parking, vendeur de bretzels et de glaces Good Humor. À chacune de ses apparitions dans une production off-off-Broadway, il se disputait avec le metteur en scène. Dès 1979, Hollywood lui confia le rôle d'un pyromane poseur de bombe sensible à la voix douce, dans *Body Heat*. Il devint une star grâce à *L'Année du Dragon* (1985) d'Oliver Stone et à *Angel Heart* (1987) d'Alan Parker, où il joue un privé dont le psychisme se désagrège alors qu'il poursuit un tueur qui s'avère être lui-même. Il est l'amnésique absolu à l'écran, dangereux, imprévisible et enfantin. Tarantino devait reconnaître quelque chose de lui-même en Mickey Rourke, un de leurs acteurs préférés à lui et Connie. Mais la célébrité de Rourke ne dura pas bien longtemps. Happé par une spirale d'autodestruction – se perdant dans la bagarre, l'alcool, les drogues –, il disparut, avant de refaire surface comme boxeur professionnel à Miami sous le nom de Marielito… jusqu'à *Sin City* (2005), où il interprète Marv, une brute aux yeux tristes aussi proche de Rourke lui-même que peut l'être un personnage.

Tarantino n'eut pas plus de chance avec *Natural Born Killers* qu'avec *True Romance*. Il commença à se percevoir comme un outsider absolu, un franc-tireur obligé de se livrer à une guérilla artistique hors des confins de la production hollywoodienne standard. Il écrivit *Reservoir Dogs* en trois semaines et demie au cours du mois d'octobre 1990. Il ajouterait le film dans le film – le riff de Mr Orange sur les flics et le berger allemand – dans une seconde mouture. Il fit alors la connaissance d'un jeune producteur, Lawrence Bender, qui était aussi marginal que lui. « Nous étions tous les deux très fauchés à l'époque, se rappelle Bender. Imaginez, il n'avait pas de bagnole et ne pouvait donc pas venir chez moi. Et moi, je n'avais pas d'argent et ne voulais pas payer de photocopies. Alors je suis allé chez lui et j'ai lu le scénario. Et, bien sûr, j'ai été emballé. J'ai dit : "Écoute, il faut que tu me donnes un peu de temps. Je crois que je peux trouver un bon paquet de fric pour ce film [112]." »

Mais Tarantino, déjà échaudé par les riffs de producteurs hollywoodiens sur de possibles financements, ne lui accorda que deux mois. Et là commence le mythe du producteur magique, un homme ayant « les traits délicats d'un danseur et la froide ambition d'un tueur à gages [113] », si l'on en croit la description que Jami Bernard fait de Lawrence Bender. Celui-ci n'est pourtant pas si mythique que cela. Bender est né dans le Bronx, a déménagé dans le sud du New Jersey et étudié le génie civil à l'université du

Maine car son grand-père était ingénieur civil. Mais il n'avait aucune idée de sa vocation. « J'allais devenir potier. J'ai presque quitté la fac pour faire une école de cuisine [114]. »

Il est devenu danseur pour faire comme sa petite amie. Il obtient une bourse pour étudier avec la compagnie Louis Falco et se produit quelque temps comme danseur de flamenco, jusqu'à ce qu'il se blesse aux genoux et au dos. Bender travaille alors comme serveur tout en étudiant la comédie auprès de Sandra Seacat, qui a aussi pour élèves Jessica Lange et Mickey Rourke.

Bender part pour Hollywood, ne trouve pas de travail comme acteur et arrive cahin-caha dans la production. Il aurait continué ce parcours cahotant si Harvey Keitel n'était tombé sur le scénario de *Reservoir Dogs*, par l'intermédiaire d'une amie, ex-épouse d'un acteur avec qui Lawrence prenait occasionnellement des cours. Sans ce parcours tortueux, *Reservoir Dogs* n'aurait peut-être jamais vu le jour ou aurait fini, comme *My Best Friend's Birthday*, en film amateur inachevé.

Keitel adore le scénario. « Tout à coup, rapporte Tarantino à propos de Bender et lui, on n'était plus ces deux gamins avec un scénar, comme tous les autres. On avait Harvey Keitel [115]. » Keitel était tout aussi bohème que Bender et Tarantino. Né à Brooklyn en 1941, il s'engage dans la marine à dix-sept ans, est envoyé à Beyrouth, devient reporter judiciaire, étudie à l'Actors Studio avec Lee Strasberg, se produit dans des cafés et fait son apparition à l'écran dans le premier film de Martin Scorsese, *Who's That Knocking at My Door ?* (1968).

Keitel a lui aussi connu une carrière étrange et voyageuse de second rôle capable de s'immerger dans un personnage avec un degré d'intensité rarement égalé, mais que son « mutisme » à l'écran rend souvent moins visible que les acteurs qui l'entourent. Alors que *Mean Streets* (1973) de Scorsese aurait dû faire de lui une star, la caméra est tombée amoureuse de la prestation de Robert De

Niro dans le rôle de Johnny Boy, le voyou simplet à la démarche électrique, et Keitel est resté à l'arrière-plan, presque comme le faire-valoir de De Niro. Il aurait dû être la star d'*Apocalypse Now* (1979) de Coppola, où il était censé jouer le capitaine Willard, le soldat-assassin descendant le Mékong, au Cambodge, pour tuer un colonel renégat (Marlon Brando). Tourné aux Philippines, le film se heurte à toutes sortes de problèmes – dont un typhon et la mégalomanie de Coppola – et Keitel quitte le projet pour incompatibilité d'humeur avec Coppola.

Keitel voyage quelque temps à travers l'Europe, interprète Tom Paine dans *La Nuit de Varennes* et Ponce Pilate dans *L'Inquiesta* (Damiani, 1987) ; il est aussi Judas dans l'adaptation par Scorsese de *La Dernière Tentation du Christ* de Nikos Kazantzákis (1988). Mais Keitel est trop contemporain pour les paroles qu'il doit prononcer et les costumes qu'il doit porter ; son pouvoir à l'écran est de se révéler *lui-même* dans chacun de ses rôles. Comme s'en est plaint Sam Fuller auprès de Tarantino à propos de *Reservoir Dogs* : « Tu fais un film pour imbéciles. Trop de jacasseries ! Trop de baratin. Harvey Keitel ! Ce n'est pas un acteur, c'est une planète [116] ! » Pourtant, les films de Fuller sont pleins de jacasseries. Il imprime à ses dialogues son sens du mouvement particulier, une sorte de repartie belliqueuse qui est un des grands plaisirs de *Pickup on South Street* (1953) et de *Shock Corridor* (1963). Tarantino avait besoin d'une force planétaire comme Harvey Keitel pour maintenir la cohérence du récit et atténuer l'étrangeté de *Reservoir Dogs*, pour rendre les autres acteurs plus crédibles. Et il avait besoin de la présence de Keitel pour financer le film.

Dans le monde circonscrit du cinéma indépendant, Keitel était effectivement une planète, et bien plus que cela : un des acteurs fétiches de Scorsese, qui apparaît dans cinq de ses films. Il avait aussi prêté sa légitimité à une paire d'hurluberlus qui ne pouvaient même pas se payer des photocopies. Toutefois, ce film servait aussi ses intérêts, son désir de se faire « guérillero », de ne plus dépendre du bon vouloir de la Paramount ou de la Fox. Keitel regrettait de ne pas avoir fait ses propres films dès ses débuts d'acteur. « On se battait pour joindre les deux bouts, pour trouver du boulot, pour trouver un agent, tout ce bazar [117]. » Il vit en Tarantino un alter ego, quelqu'un qui avait le courage brut de se démarquer et de se lancer. Keitel paya de sa poche le voyage des hurluberlus à New York pour aider aux auditions. Il les installa au Mayflower ; Tarantino s'empiffra de caviar pour la première fois de sa vie (au Russian Tea Room). C'est à New York qu'ils débusquent Steve Buscemi, une planète légèrement plus petite du monde cinématographique indépendant ; fantasque, irascible, il s'intègre parfaitement à une bande de voyous mal embouchés et trouve sa place dans le terrier de Tarantino, aux côtés de Keitel.

Tarantino est l'un des huit candidats (sur mille) acceptés, en juin 1991, au Sundance Film Institute de Robert Redford pour y développer leurs projets dans le cadre du Filmmakers Lab (Laboratoire des cinéastes). À Sundance, Tarantino fait répéter et tourne en vidéo la scène de la salle de bains de *Reservoir Dogs*, où Mr White et Mr Pink dissèquent les détails de leur casse raté. Buscemi avait accompagné Tarantino au Lab, où il interprétait Mr Pink, tandis que Tarantino lui-même jouait Mr White. Terry Gilliam, un des réalisateurs œuvrant comme conseillers pendant la résidence de Tarantino, aime l'atmosphère confinée de la scène, et encourage Tarantino en lui disant que situer tout le film dans une seule pièce est ce qu'il y a de mieux pour s'approcher au plus près du « pur cinéma [118] ».

La présence de Gilliam est une chance pour Tarantino. Gilliam est un « puriste », qui comprend le sens de la structure de Tarantino, sa capacité à sculpter un film, à repousser les limites ; ses propres films, comme *Brazil* (1985) et *Fisher King – le roi pêcheur* (1991), sont d'ailleurs tous des explorations de terriers labyrinthiques, une réinvention de la frontière entre « possible » et « impossible ».

Une fois le financement en place (1,3 million de dollars) et le casting constitué, le tournage commence le 29 juillet 1991 et dure cinq semaines. « Je n'ai pas utilisé de story-board parce que je ne sais pas dessiner, et je n'aimais pas l'idée que d'autres les dessinent parce qu'ils n'auraient pas cadré correctement. En revanche, je sais écrire, alors j'ai rédigé des séquences détaillées, où je décris tout [119]. » Pourtant, on dirait presque que Tarantino avait un story-board dans la tête, qu'à l'instar de Terry Gilliam ou Lewis Carroll, il pouvait flotter d'une abstraction à l'autre dans son propre monde, de l'autre côté du miroir, et nous entraîner dans son voyage.

On ouvre dans l'obscurité. La voix de Tarantino nous saute à la figure. Il se livre à un de ses riffs, un numéro de cours d'art dramatique sur « Like a Virgin » de Madonna. « C'est l'histoire d'une fille qui est folle d'un mec qui a une grosse bite… ça parle que de ça, de grosses bites. » On ne retrouve pas la tristesse du riff de Hopper dans *True Romance* ni la force comique de celui de Christopher Walken dans *Pulp Fiction.* Il a sa place dans un cours de comédie. C'est un faux départ. La caméra effectue un tour complet autour de la table des hommes, plan dont Tarantino n'est pas peu fier, mais crée la confusion avec l'insistance de sa voix récitant : « Bite, bite, bite, bite… »

Cependant, la caméra se calme dès qu'elle se pose sur Harvey Keitel. Il pique le carnet d'adresses de Lawrence Tierney. C'est Tierney qui est la merveille de cette scène, Tierney l'acteur délinquant qui a joué John Dillinger en 1945, l'acteur le plus *noir* de tous les temps, la star de *Né pour tuer* (*Born to Kill*, 1947) et de *The Devil Thumbs a Ride* (*Le diable fait du stop*) – beau, violent, sans la moindre pitié. Un naufragé sur les rivages du film noir, que l'on retrouvait mêlé à des rixes d'ivrognes, comme s'il ne pouvait plus faire la différence entre jouer Dillinger et le diable à l'écran et la vie de tous les jours. Il avait refait surface en 1973, après avoir été poignardé dans un bar de Manhattan...

Tarantino fit sa connaissance à l'occasion d'une fête à l'Actors Studio. « C'est un mec âgé, ses ressources d'énergie sont limitées. Il est sympa mais il peut vous ralentir le rythme de trente pour cent. C'est alternativement un ours en peluche et un grizzly... Vous vous rappelez son film de 1947, *Le diable fait du stop* ? Ça aurait presque pu s'appeler *L'Histoire de Lawrence Tierney*[120]. »

La clé de son interprétation tient justement à ce qu'il est *au même instant* ours en peluche et grizzly. Il interrompt le riff sur Madonna de Tarantino de sa grosse voix rugueuse, « Toby... c'est qui cette Toby ? », en un délicieux contrepoint aux polémiques de Mr Brown/Tarantino. Il sort un vieux carnet d'adresses qu'il a retrouvé dans un manteau qu'il n'a pas porté « depuis des lustres » et passe les noms en revue. « Toby quoi ? C'était quoi son putain de nom de famille déjà ? »

Tierney coupe alors court à la prétention de Brown qui s'affiche en héraut de la culture pop, une espèce de voyou pris d'une crise d'hystérie – un acteur « vierge » qui essaye de piéger la caméra par la parole. Mais Keitel prend l'avantage dans son bras de fer avec Tierney autour du carnet. Et Steve Buscemi, Mr Pink, embraye sur son propre numéro sur le pourboire. « Je ne donne pas de pourboire... j'y crois pas... je donne pas parce que la société dit qu'il faut que je donne... » L'hystérie a disparu. Nous croyons en Buscemi comme nous n'avons jamais cru en Mr Brown... pas plus qu'au romancier Eddie Bunker, qui joue Mr Blue sans cette *intensification* dont un acteur a besoin – cette coloration des mots qui traversent un personnage. Si Brown et Blue disparaissent du film, ce n'est pas parce qu'ils sont tués ; c'est parce que leur présence n'a jamais été vraiment sentie à l'écran. Nous ne pouvons même pas pleurer ce qui ne nous a pas manqué. Leur visage et leur voix ne nous aimantent pas ; leur regard vadrouille pendant qu'ils parlent…

Nous sommes dans un *dîner*. Les Dogs prennent leur petit déjeuner. On n'a aucune idée de la raison pour laquelle ils se trouvent là. Six des convives sont en costard noir et fine cravate noire. Les deux autres, Joe Cabot (Lawrence Tierney) et son fils, Nice Guy Eddie (Chris Penn), portent une tenue bien plus ordinaire. Il n'y a ni revolvers ni couteaux sur la table et Mr Blonde (Michael Madsen), qui va se révéler être un psychopathe meurtrier à mesure qu'on avance dans le film, apparaît comme un chevalier doux et sensible qui défend Madonna contre la diatribe de Tarantino. « "Like a Virgin", dit-il, ça parle d'une fille qui est très fragile, elle s'est fait avoir pas mal de fois… »

Les Dogs pourraient être des DJ.

« Eh, les gars, vous écoutez K-Billy et le super son des seventies ? demande Nice Guy Eddie.

– Ouais, c'est génial », dit Mr Pink.

K-Billy hantera le film comme un leitmotiv auquel on ne peut pas échapper. Et nous sommes tous coincés au milieu de ce même week-end, avec K-Billy et les Dogs, dont on n'apprendra jamais vraiment l'identité, à l'exception de Joe et Mr Pink. Pour le reste, ce sont des nullités anonymes affublées d'un costume bizarre.

Pink est la vedette de cette scène avec ce riff que Tarantino a sans doute recyclé d'un de ses cours de comédie, mais c'est à Steve Buscemi qu'il confie ces répliques ; comme tout bon acteur de cinéma, celui-ci sait quand se dissimuler et quand se dévoiler. Il porte à l'écran son « aura » particulière et nous apaise tandis que la caméra tourne autour de son visage. Nous pouvons nous resituer par rapport à lui. Ce riff que Buscemi fait sien nous offre un point d'ancrage. Les amis et complices de Tarantino du temps de

Video Archives se souviennent de lui comme un fervent opposant aux pourboires, et c'est cette philosophie absurde, passionnément antipourboire de Tarantino qui anime Mr Pink et dynamise le récit.

Mais Joe l'oblige à laisser un pourboire et annonce aux Dogs : « Allez, les flâneurs, en route. » Ce qu'ils font. Fondu au noir, on entend une voix annoncer que K-Billy et le super son des seventies continuent à « rouler ». Les Dogs exécutent une espèce de ballet au ralenti devant le resto sur un des tubes de l'émission – « Little Green Bag », et nous voilà en pleine séquence de générique. Pour la première fois, les huit hommes sont alors identifiés comme étant les « Reservoir Dogs » bien qu'ils n'aient pas parlé une seule fois de leur projet de hold-up.

Nouveau fondu au noir, on entend un homme gémir « Je vais crever » alors que la scène s'ouvre sur l'intérieur ensanglanté d'une voiture ; Harvey Keitel la conduit tout en serrant les mains de Tim Roth, qui se tord de douleur sur la banquette arrière, se tord dans son propre sang. Il a pris une balle dans le ventre. C'est juste après le braquage foireux, mais on ne le sait pas. Nous sommes un peu perdus dans cet espace confiné et la scène elle-même paraît théâtrale, comme s'il n'y avait pas de place pour nous dans cette voiture, avec les deux Dogs ; d'ailleurs, c'est du sang « de cinéma », bien trop rouge, et le véhicule n'est pas secoué par un cahot qui nous transporterait hors du temps cinématographique. On a l'impression de se trouver devant un accessoire, de regarder deux hommes jouer sur une plate-forme statique. On reste extérieurs à ce décor de voiture en coupe et à ses occupants, on a envie de fuir ce spectacle et le film.

Mais le rythme change dès qu'ils déboulent à l'intérieur d'un hangar où les Dogs sont censés se retrouver après le braquage ; le film se met à respirer. Et, bizarrement, le hangar ne nous rend pas claustrophobes, ne nous enferme pas, mais devient son propre univers, que nous ne voulons plus quitter. Nous sommes au pays des merveilles de Tarantino, où les histoires avancent au rythme d'une horloge impitoyable.

Pink arrive au hangar et il n'y a plus de bavardage oiseux. « C'était un guet-apens ou quoi ? »

C'est le plus avisé et le plus professionnel des Dogs. Il réalise que le hasard a peu à voir avec l'échec de l'opération. « D'où ils sortaient, tous ces flics, hein ? En un clin d'œil ils sont partout. »

Mais l'intrigue elle-même n'est pas importante. Ce qui importe, c'est le contrôle immédiat de la caméra par Tarantino, un contrôle impitoyable. Plus de tour de table ni de caméra laissant des vides dans son sillage. Plus de Tarantino en train de clamer « bite, bite, bite, bite ». Désormais, c'est gros plan sur gros plan – de White, Orange et Pink, sculptés par la caméra sous un angle des plus intimes, dur mais aimant. Des visages dévorent l'écran, des visages plus puissants que n'importe quelle péripétie du récit ; des visages qui défient la machine cinématographique.

Les Dogs ont besoin d'un endroit, de leur drôle de niche, où ils peuvent se planquer. Dans *Les Cahiers du cinéma*, Camille Nevers parle de « l'espace suffocant, claustrophobe du film [121] ». Et, dans son portrait de Tarantino paru dans le *New Yorker*, Larissa MacFarquhar écrit : « Ne disposant que d'un petit budget, il a situé le film dans un seul lieu, un hangar, et fait de nécessité vertu en créant le type de claustrophobie et de paranoïa intenses qui ne se dégage que lorsque des personnages ayant des raisons de se méfier les uns des autres sont confinés dans un endroit, sans pouvoir le quitter. » La remarque de MacFarquhar est juste, en théorie : le hangar est bien un lieu clos, les Dogs y sont confinés et se soupçonnent mutuellement (à l'exception de la dévotion touchante mais stupide de White à Orange, dont la mission est de les trahir tous, même avec une balle dans le ventre). Pourtant, il n'y a rien de claustrophobe dans la façon dont Tarantino filme le hangar ; celui-ci donne une impression d'infini, en contraste avec les gros plans constants sur les Dogs eux-mêmes, comme s'ils avaient échappé au danger qui les menaçait dans le néant extérieur. Les flics attendent l'arrivée du chef de gang, Joe Cabot (Tierney), pour lancer l'attaque dès que les Dogs quitteront le hangar.

Au moment où le film est présenté à Sundance en juin 1992, les notes de programme du festival qualifient *Reservoir Dogs* de « rencontre entre Jim Thompson et Samuel Beckett [122] ». Une formule assez appropriée : l'art « *pulp* » cruel de Thompson traversé par la solitude profonde de Beckett, le sens de l'infini beckettien qui habite les espaces sauvages et clos d'*En attendant Godot* (1954), avec un arbre pour seul accessoire.

Tarantino a lui-même dit de *Reservoir Dogs* que c'était le roman *pulp* qu'il n'écrirait jamais. Et c'est bien cela : un roman *pulp,* pris dans une forme sauvage et singulière, un roman où résonne toute la tristesse de ces hommes grossiers, qui n'arrivent jamais à mettre des mots sur leurs envies. Ils sont perdus dans cet espace que Tarantino leur a trouvé, avec le meurtre pour seule expression ; l'agression est leur forme particulière de tendresse.

Il est donc tout à fait approprié que le hangar choisi par Tarantino soit une ancienne maison des morts, une morgue abandonnée sur Figueroa Street, au niveau de la 59e Rue, dans le quartier de Highland Park du *vieux* Los Angeles, loin de toutes les paillettes de la ville (plus tard, le bâtiment allait disparaître dans un tremblement de terre). Tarantino n'a même pas pris la peine d'« habiller » ce décor ; les cercueils sont alignés debout comme d'étranges sarcophages sous housses ; Mr Blonde sirote son soda assis sur un corbillard recouvert d'une bâche en plastique. Quant à White et Pink, ils s'éclipsent dans la salle d'embaumement pour discuter du destin d'Orange ; on peut même distinguer les liquides utilisés pour la préparation des cadavres.

La morgue était infestée de rats, et la décoratrice, Sandy Reynolds-Wasco, devait nettoyer la « flaque de sang » d'Orange tous les jours, sinon les rats ne les auraient pas laissés tranquilles. Il faisait une chaleur insupportable dans le hangar, et Orange n'arrêtait pas de s'engluer dans son sang factice. « C'est un sirop qui sèche sous les éclairages, alors par moments on est littéralement collé au sol [123] », se rappelle Tim Roth. Orange a en effet l'aspect d'une araignée prise au piège alors qu'il agonise sur le ciment poisseux.

Il y a un autre lieu magique dans le film, un mur délirant de graffiti en plein centre de L.A., où Freddy Newendyke répète son riff devant son coach en art dramatique, Holdaway, le flic maître en infiltration à la casquette Mao. Le mur faisait partie de l'ancienne sortie de métro d'une ligne abandonnée depuis.

« C'est sous une autoroute, une de ces rampes aériennes, dit Roth. C'est un endroit incroyable, un immense auditorium en plein air avec une scène. Sur le côté de la scène, il y a deux portes et, derrière les portes, habitent deux clodos. Tout le week-end, ils n'ont pas arrêté de passer la tête par leur porte entrebâillée pendant qu'on filmait. Ils vivaient là depuis des années et aucun des deux n'aimait l'autre, mais ils vivaient en voisins, à ça l'un de l'autre [il écarte les mains de moins d'un mètre l'une de l'autre] ; ils ne s'aimaient pas beaucoup, mais leur situation était vraiment étonnante [124]. »

Ces deux clochards auraient pu sortir tout droit d'*En attendant Godot* ou figurer dans le film de Tarantino aux côtés des Dogs...

Le moment le plus cruel du film appartient à Mr Blonde, le « dingue de la gâchette » qui a tiré sur tout ce qui bougeait quand l'alarme s'est déclenchée au cours du braquage. Pink ne croit pas que Mr Blonde puisse être le mouchard qui les a trahis. « Il a trop le goût du sang pour bosser avec les flics. »

Blonde a capturé un flic, l'a emporté dans le coffre de sa voiture comme une espèce de trophée. Le flic s'appelle Marvin Nash. Blonde l'exhibe fièrement à Mr White et Mr Pink. « Les trois escrocs éclatent d'un même rire terrifiant », nous dit Tarantino.

Nous retrouvons Marvin à l'intérieur du hangar. Les Dogs l'ont salement dérouillé et ligoté à une chaise avec du ruban adhésif. White et Pink s'en vont avec Nice Guy Eddie, laissant Blonde « baby-sitter », Orange et le flic.

« Enfin seul », dit Blonde. Il sort un rasoir de sa botte, fait semblant de se raser. Il est en bras de chemise, avec des bretelles et une fine cravate noire, un étui à pistolet sous le bras gauche. Avec sa dégaine rockabilly [125] déjantée, on dirait un clone d'Elvis se préparant avant un bain de sang. Blonde dérange parce qu'il n'a rien de baroque – ce n'est pas Freddy Krueger [126], à la sinistre figure cramée. La mise en scène ne nous permet pas de nous distancer de Michael Madsen et du flic qu'il mutile. La caméra nous séduit, nous attire dans son intimité, comme si Tarantino tramait une scène de séduction. Blonde semble roucouler des mots doux au flic, d'une voix démente, berçante. « En fait, je m'en branle de ce que tu sais ou sais pas… mais je vais quand même te torturer. De toute façon […] ça m'amuse de torturer un flic. »

Il allume la radio sur K-Billy et le super son des seventies. Il fait sa petite danse de serpent sur l'interprétation de « Stuck in the Middle with You » par Stealer's Wheel, le rasoir au poing. Et le rasoir qui fend l'air et taillade Marvin nous taillade aussi. Nous ne pouvons éviter notre propre mutilation.

Il tranche l'oreille de Marvin, l'asperge d'essence et est sur le point de l'immoler quand Orange se réveille de parmi les morts et l'abat.

Comme bon nombre d'autres critiques, Ella Taylor est épouvantée par ce qui arrive à Marvin. « La scène de torture me rend furieuse parce qu'elle n'a pas d'autre but que de mettre en avant sa technique et de faire monter notre taux d'adrénaline [127]. » Pourtant, la scène n'est pas aussi gratuite qu'elle le pense.

« Le cinéma ne fait pas intrusion dans cette scène, explique Tarantino à Ella Taylor. Vous êtes coincé là et le cinéma ne va pas vous aider à vous en sortir. Chaque minute subie par ce flic, vous la subissez. » Ou, comme il le dit à Larissa MacFarquhar : « C'est comme si je manipulais vos émotions, et moi j'aime quand on me l'inflige. C'est mon truc [...]. Le spectateur et le réalisateur, c'est une relation SM et le spectateur est le M [128]. » Quoique ce ne soit pas tout à fait aussi simple. Tarantino est peut-être un magicien et une « dominatrix » d'un genre particulier. Il peut même nous ronronner : « Vous êtes censés rire jusqu'à ce que j'arrête de rire [129] » et croire que « Stuck in the Middle with You » nous met tous d'une certaine humeur. « Vous tapez du pied et prenez plaisir à voir Michael Madsen faire ses pas de danse, et puis, *vroum*, c'est trop tard, vous vous retrouvez coconspirateur [130]. »

Mais nous ne tapons pas du pied au rythme de la chanson. Nous sommes hypnotisés, ensorcelés par Madsen, et là, le magicien n'est pas Tarantino jouant avec nos émotions. C'est Michael Madsen. Ce n'est pas tant une question de contraste entre sa personne et la chanson sur laquelle il danse, même si Tarantino aimerait nous le faire croire. « Des gens m'ont dit que, chaque fois qu'ils entendent cette chanson, ils n'arrivent plus à imaginer autre chose que Michael Madsen en train de danser. »

Ce n'est pas non plus le *naturalisme* de la prestation de Madsen. « C'est juste ce que Mr Blonde ferait si on le laissait seul [131] », nous dit Tarantino. *Torturer un flic.* Mais l'horreur de la scène ne tient pas autant au fait que nous voyions la mutilation de Marvin qu'à notre peur que Madsen soit vraiment Mr Blonde, que ce rôle ait suscité une sorte de psychose en lui, et que cette psychose puisse se glisser sous notre peau, ou en tout cas sous la mienne, sinon celle d'Ella Taylor.

Je ne me rappelle que deux autres performances d'acteurs qui m'ont donné un tel frisson – celle de Jack Palance en flingueur ganté au visage impassible dans *Shane* de George Stevens (1953) et Richard Widmark en psychopathe meurtrier au rire de hyène dans *Le Carrefour de la mort* (*Kiss of Death*, 1947) de Henry Hathaway. Je pourrais aussi inclure Robert Mitchum dans le rôle du prédicateur détraqué dans *La Nuit du chasseur* (*Night of the Hunter*, 1955) de Charles Laughton. Madsen ressemble à Mitchum ; tous deux ont les mêmes yeux endormis et un air de menace tranquille. Mais Mitchum était déjà une star quand il a fait *La Nuit du chasseur*, une star capable de glisser d'un rôle à l'autre. Et mon souvenir de lui en ronchon sympathique dans *Les Forçats de la gloire* (*Story of GI Joe*, 1945) de William Wellman ou en cow-boy naviguant à bord d'un radeau avec Marilyn Monroe dans *La Rivière sans retour* (*River of No Return*, 1954) d'Otto Preminger diminue le caractère menaçant qu'il pourrait avoir dans tout autre film. Madsen, en revanche, n'est pas encombré par sa propre histoire. Il n'en avait presque pas. Si on l'a vu dans des films avant *Reservoir Dogs* (jouant le petit ami de Susan Sarandon dans *Thelma et Louise* de Ridley Scott), il paraît se fondre dans le décor comme un de ces hommes invisibles destinés à tenir compagnie aux stars pendant qu'elles sortent leurs petits tours de leur sac.

Comme un dresseur d'animaux ingénieux, Tarantino révèle Madsen à nos yeux. C'est l'une de ses grandes forces de metteur en scène. Il fait preuve d'une intuition étonnante dans ses choix de casting : il va souder un acteur ou une actrice à un rôle qui les définira *à jamais*, ou les redéfinira, comme il l'a fait pour John Travolta dans *Pulp Fiction*, Pam Grier et Robert Foster dans *Jackie Brown* ou Lucy Liu en reine des yakuzas à la voix de petite fille dans *Kill Bill, volume 1*.

Le caractère accidentel de la prestation d'acteur et du film lui-même ne peut être laissé de côté. « J'essaye d'éliminer tous les films que j'ai jamais voulu faire dans ce premier film [132] », confie-t-il à Ella Taylor, comme s'il considérait rétrospectivement *Reservoir Dogs* comme un instrument qu'il pouvait affiner et contrôler. Mais les films sont des expériences du chaos, rassemblant une petite armée d'hommes et de femmes – acteurs, techniciens, producteurs, etc. – qui creusent à moitié à l'aveugle dans une montagne de détails pour y trouver une forme. Et le réalisateur aime prétendre qu'il est le pivot de l'entreprise. Certes, il (ou elle) peut motiver, séduire, charmer, mais le film devient une sorte d'étrange animal qui en vient soit à s'endormir (comme le font la plupart des films), soit à exhaler son feu créatif. Tarantino a suscité le brio de *Reservoir Dogs*, mais le film l'a aussi façonné, lui et sa petite armée, plus qu'il ne l'aurait imaginé, et il a réussi à danser au beau milieu du chaos de sa création, tout comme Mr Blonde.

Harvey Weinstein, de Miramax (le distributeur du film), alias « Harvey aux mains d'argent [133] », voulait débarrasser le film de l'oreille mutilée de Marvin. « Sans cette scène, on a un film grand public, dit-il à Tarantino. Sans cette scène, je pourrais lancer ce film dans trois cents cinémas. Au lieu d'un seul ! Trente secondes changeraient la place du film sur le marché américain [134]. »

Mais Tarantino a résisté aux arguments de Weinstein et il avait raison. *Reservoir Dogs* n'aurait pas pu bénéficier d'un gros lancement, que ce soit avec ou sans la scène de torture. Ce n'est pas *Pretty Woman*, répondit-il à Harvey aux mains d'argent. Et sans la scène de torture, *Reservoir Dogs* aurait sans doute sombré dans l'oubli comme un film d'art et essai parmi tant d'autres. Mais la danse de « Blondie » a envoûté les spectateurs, qu'ils soient restés assis les yeux fermés ou se soient précipités hors de la salle pour échapper au rasoir de Madsen.

Tarantino se montre faussement naïf concernant le rasoir lui-même. « J'essaye d'expliquer aux gens que je ne me suis pas assis là et dit : “OK, maintenant je vais écrire cette scène de torture qui va arracher." Quand Mr Blonde est allé fouiller dans sa botte et en a sorti un rasoir, je ne savais pas qu'il avait un rasoir dans sa botte. J'étais surpris. Ça arrive tout le temps quand j'écris. De la même manière que quand je joue [135]. »

La danse de « Blondie » n'aurait aucun intérêt sans le rasoir. On le voit aller et venir d'un pas glissant, le rasoir à la main. Lorsque son bras se détend comme un ressort, il semble défier toute la machine cinématographique, attaquant le flic, nous-mêmes et l'écran, comme s'il pouvait y faire une déchirure et nous laisser tous errer dans le néant. Et c'est ce qui est tellement effrayant. Nous avons pénétré dans notre propre cœur des ténèbres, mais cela n'aurait jamais été possible si Madsen ne nous avait pas subjugués en nous faisant penser que le mal était en lui. Aucune interprétation, si nuancée ou habile fût-elle, n'aurait pu nous secouer de cette façon.

Pourtant, Madsen n'est pas un assassin et, paraît-il, aurait été bouleversé quand Marvin lui a lancé : « S'il vous plaît… j'ai un gosse » (la réplique était improvisée, elle n'était pas écrite dans le scénario), mais ce n'est pas ce qui apparaît à l'écran. Il y a un calme, une froideur que nous avons rarement vus. Dennis Hopper est presque aussi méchant dans *Blue Velvet* (1986) de David Lynch, où il interprète un dealer ultra-violent avec un petit masque hygiénique sur la figure, mais on peut sentir la douleur de Hopper, son désir famélique pour Isabella Rossellini, alors que Mr Blonde n'a aucun autre désir que celui de faire souffrir. Sa danse est clairement sexuelle, mais ce n'est pas Marvin qui l'excite, c'est le rêve de la destruction. « Ça t'a plu autant qu'à moi ? » demande-t-il après avoir sauté sur les genoux de Marvin et tranché son oreille. La caméra s'éloigne de la scène du crime ; on ne nous laisse voir que le hangar. Puis Mr Blonde revient dans le cadre et pirouette à travers l'image avec l'oreille sanglante du flic. Peu importe que ce soit une prothèse maquillée : l'oreille a l'air bien réelle. Exultant,

Mr Blonde parle dans l'oreille comme si c'était un micro. « Hé, qu'est-ce qu'il y a ? Tu m'entends ? » fait-il.

Une bonne part du dialogue est improvisée. La scène, telle que Tarantino l'avait écrite, est plutôt sobre. Mais le dialogue dément de Madsen est tout à fait en rapport avec sa danse démente. Il est difficile d'imaginer qui que ce soit d'autre interprétant « Blondie », comme le reconnaît Madsen lui-même. « Pendant le reste de mes jours je serai identifié à Mr Blonde, le mec de la scène du garage de *Reservoir Dogs*[136]. »

Dans le film, Madsen a utilisé sa propre voiture, une Cadillac jaune de 1965, qu'il expédiera ensuite au garage de sa sœur, dans le Wisconsin, parce qu'il ne pouvait pas se résoudre à vendre « la voiture des Dogs ». Le film avait fétichisé Madsen et aurait dû le propulser bien plus loin dans sa carrière. On lui proposa le rôle de Vincent Vega dans *Pulp Fiction* (Mr Blonde se nomme d'ailleurs Vic Vega, le frère de Vincent), mais il le déclina pour aller jouer dans le western de Lawrence Kasdan, *Wyatt Earp* (1994) – une grosse, grosse erreur. « C'était comme trois heures de nausée », confia-t-il après coup à Sanjiv Bhattacharya. S'il était apparu dans *Pulp Fiction*, il aurait été Mr Blonde, que son nom soit Vic ou Vince. Et au lieu du bedonnant et comique John Travolta, nous aurions eu « Blondie » comme comparse meurtrier de Samuel L. Jackson. Le film aurait pu en sortir plus angoissant, mais comment savoir ?

Madsen est né à Chicago en 1958 et a été élevé par son père, pompier. Il a fait quelques séjours en maison de redressement pour cambriolage, bagarre et vol de voiture. Il a ensuite travaillé comme agent hospitalier et aurait pu le rester s'il n'avait rejoint la troupe du théâtre Steppenwolf de Chicago et étudié avec John Malkovich. Madsen tient peut-être son sens du néant de Malkovich lui-même, un acteur dégageant une menace silencieuse et une rage qui semble mijoter à un cheveu d'une gâchette intérieure. Pourtant la solitude de Madsen semble exister hors de tout cours de comédie. Elle est perceptible dans la poésie qu'il adore griffonner sur « les serviettes en papier d'hôtel, les notes de bar, les sous-verre de bière. J'ai écrit une fois un poème sur ma cuisse, à même la peau ». Dans l'un d'eux, « Mardi », il parle d'être perdu, seul et suicidaire – un détraqué admiré par d'autres détraqués parce qu'il joue le détraqué…

Reservoir Dogs a lui-même suivi une étrange trajectoire. Il reste le film le plus débattu du festival de Sundance, sa première projection publique. « C'était complètement dingue, se souvient Tim Roth. Des billets étaient vendus pour cent dollars pièce dans les bus [137] », pourtant, il ne rafle aucun prix. Harvey aux mains d'argent emporte le film à Cannes, où il sera présenté comme un parent pauvre – un film racaille auquel on ne permettait même pas de concourir pour la Palme d'or. Mais les Français tombent, saisissent immédiatement son originalité et adoptent Tarantino. C'est à ce moment-là qu'il commence à jouer… Quentin Tarantino. Il donne sa première interview « comme un acteur ferait une scène [138] ».

Il passe presque une année entière à présenter *Reservoir Dogs* à travers le monde. « Et la seule raison pour laquelle on a entendu parler de moi, c'est que j'ai donné un millier d'interviews. Je suis allé en Espagne, au Brésil, j'ai fait *toutes* les interviews [139]. » Pourtant, les interviews n'auraient servi de rien sans l'attrait du film lui-même, surtout auprès des plus jeunes publics. Harvey aux mains d'argent lance le film à New York et Los Angeles en octobre 1992, sur seulement vingt-six écrans. *Dogs* rapporte moins de trois millions de dollars « malgré un déluge d'articles de presse [140] », mais il a néanmoins rentabilisé son budget en dix semaines. Le film connaît un succès monstre en Angleterre, où il rapporte deux fois plus qu'aux États-Unis. Tarantino devient immédiatement une idole et, partout, on se bouscule pour le voir. Il voyage avec le film d'un festival à l'autre, Miramax dans son sillage.

Tim Roth comprend alors la sagacité de Harvey aux mains d'argent : Miramax faisait la promotion de Tarantino plutôt que du film ou de ses acteurs. « Ce qu'ils ont fait, c'est mettre très tôt une machinerie marketing autour du film parce qu'ils savaient qu'ils tenaient quelque chose de différent [141]. »

La stratégie se révèle payante. *Reservoir Dogs* est un énorme succès en vidéoclub, ces lieux de culture populaire où un public d'urbains anarchistes s'imagine volontiers en Dogs authentiques – même s'ils sont bien en peine de définir exactement ce qu'est un Reservoir Dog.

À l'époque, les gens interpellaient Lawrence Tierney pour lui demander d'expliquer le titre. « Eh bien, comme vous le savez, confia Tierney à un journaliste étranger, *Reservoir Dogs* est une célèbre expression en Amérique… pour désigner… des chiens… qui traînent autour d'un réservoir [142]. » Tarantino avait un moment craint qu'un nabab de seconde zone ne se mette en tête de changer le titre pour vendre l'idée du film à des investisseurs. Il s'était donc expliqué : « C'est une expression utilisée dans les films de gangsters de la Nouvelle Vague française. Elle signifie “mouchard”. On la trouve dans *À bout de souffle* et dans *Bande à part.* » Un pur mensonge, mais ils ont gobé. Aucun n'avait vu ces films [143].

Pour lui cette déclaration mensongère se justifiait en partie parce qu'« on dirait un truc qui sort d'un film de Jean-Pierre Melville avec Alain Delon, qui m'a beaucoup influencé. Je voyais bien Alain Delon en costard noir déclarant : “Je suis Mr Blonde” [144] ».

Melville et Delon étaient des références appropriées pour le film *et* son titre. Melville est l'auteur de versions décalées de films de gangsters américains, comme l'a fait remarquer Tarantino. *Le Samouraï* (1967) allait devenir une source d'inspiration particulière pour *Reservoir Dogs*. Alain Delon y interprète Jeff Costello, un tueur prisonnier de sa propre spirale du silence. Comme les Dogs, il porte un costume noir et une fine cravate noire, et habite une grande pièce nue qui, comme le hangar, est un monde en soi. Le seul son qui vient briser son propre silence émane de son compagnon, une perruche qui lui fournit l'échange verbal et la compagnie dont il a besoin. Le Paris qu'habite Jeff est aussi morne et sans âme que le Los Angeles de Tarantino. Il n'y a pas de tour Eiffel dans *Le Samouraï*, juste des garages, la chambre d'une femme qui est plus un « alibi » qu'une maîtresse, et une myriade de stations de métro.

Les Dogs de Tarantino n'ont pas le panache de Delon, mais leur bavardage incessant est aussi aliénant que son silence. Dans *Le Samouraï*, la police est partout sans qu'elle puisse pénétrer à l'intérieur de Delon ; elle ne peut que le tuer ou, plutôt, aider Jeff à se tuer. La police est bien moins visible dans *Reservoir Dogs* mais elle est aussi partout et finira par tuer ou capturer les quelques Dogs qui ne se seront pas entre-tués.

Melville et Tarantino sculptent tous deux l'espace vide. *Reservoir Dogs* et *Le Samouraï* se situent dans une sorte de monde souterrain d'où les « gens ordinaires » sont absents, un monde peuplé uniquement de truands, de flics et des épaves humaines qui les entourent. « Pour faire un bon film, il suffit d'une fille et d'un revolver », a un jour déclaré Godard. Il n'y a pas de « filles » dans *Reservoir Dogs*. Nous surprenons la conversation d'un curieux club de célibataires qui cancanent sur Madonna, Pam Grier, « les salopes blanches et les salopes noires », mais il est essentiel pour le film que les Dogs soient *privés* de femmes. Ce sont des êtres délaissés – des gargouilles sans guère de substance – et n'importe quelle « fille », avec ou sans revolver, diminuerait leur stature grotesque, les rendrait humains et nous renverrait dans l'en deçà du miroir, dans le monde prosaïque des crédits et pensions alimentaires, que les Dogs ne peuvent souffrir puisque les enfants, ce sont *eux*.

Le plus étonnant dans *Reservoir Dogs*, c'est qu'au milieu du chaos de la réalisation, des difficultés à manœuvrer cette petite armée sur le tournage, Tarantino ait réussi à trouver dans son tout premier film un sens de la « structure profonde ». Il adore poser en rockabilly qui a le don de mémoriser des films, comme un idiot savant ou un gangster manqué prêt à dégommer toute personne qui lui fait obstacle. « Je ne me bats pas selon les règles du marquis de Queensbury [145]. Quand je me bats, je me bats en essayant de vous tuer parce que je suppose que vous essayez de me tuer [146]. » Mais le gangster manqué est aussi théoricien du cinéma.

Avec *Kill Bill* en tête, Peter Biskind écrit que « Tarantino adorait peut-être Godard [...] mais son Paris était Hong Kong et le *chop-socky* [147] sa Nouvelle Vague [148] ». Je ne suis pas d'accord. Les forces et faiblesses de *Kill Bill* ont bien peu à voir avec le *chop-socky*. Les films de Tarantino reposent sur leur architecture, ou son absence, sur la capacité de construire séquence après séquence comme un pont la nuit (un pont qu'on ne voit pas), mais aussi sur des tactiques et une machinerie de romancier. « En fait, ce que je voulais, c'est faire un roman à l'écran, avec des personnages qui vont et viennent, qui ont leur propre histoire tout en pouvant apparaître n'importe où [149]. » Et c'est pourquoi Orange, Blondie et White ont leurs propres « chapitres » dans le film plutôt que des flash-back, une technique que Tarantino n'aime pas, un flash-back portant le poids de sa propre dimension psychologique alors que des « chapitres » ne sont que des articulations.

Eddie Bunker, qui commença une carrière de voleur et de braqueur de banque avant d'écrire et de jouer dans des films, n'accorde guère de crédit aux Dogs en costard noir. « Vraiment, c'était absurde. Y avait ces types sur le point de faire cet énorme casse et ils sont assis là au café tous habillés pareil, et la serveuse les connaît, ils lui donnent un pourboire (ou pas, selon les cas). Franchement, s'ils étaient vraiment partis pour faire ce gros coup d'un million de dollars, dès le lendemain, la serveuse déclarerait en lisant le journal : "Eh, je connais ces mecs [150]..." »

Mais ce n'est pas le réalisme que cherche Tarantino. Il aime citer Godard : « Il n'y a pas de sang dans *Pierrot le Fou*. Il n'y a que la couleur rouge [151]. » Ses truands à lui vont au café, le passe-temps préféré de Tarantino. Et ce ne serait pas des Reservoir Dogs s'ils ne portaient pas des costumes noirs identiques.

Ainsi Tarantino brode-t-il autour du hold-up pour nous amener jusque dans un hangar, une sorte de grange démesurée, où les Dogs peuvent se renifler, jouer et se détruire. Comme il l'a confié à Charlie Rose : « C'est un film de braquage où on ne voit jamais le braquage. C'est juste ma façon farfelue de m'y prendre ; si je faisais un film sur un bossu, le mec [...] subirait une opération au début du film. Ce serait l'ex-bossu de Notre-Dame [152]. »

Et c'est cette folle liberté, ce biais personnel qui donne à *Reservoir Dogs* une saveur si particulière. Tarantino taille son propre conte de « bossu » au milieu d'une ancienne morgue.

3

Fils de prédicateur/*son of a preacher man*

L'électricité semble venir de Tarantino lui-même ou peut-être se trouve-t-elle dans ses scénarios. Il aime à se vanter que « tous les films devraient surpasser leur scénario, qui n'est qu'un projet, une sorte de répétition du film [153] ». Mais il adore aussi brouiller les pistes. En 1997, au cours d'une conférence de presse sur *Reservoir Dogs*, il a déclaré : « C'est l'écriture du scénario, sa structure qui en ont mis plein la vue [154]. » Et en effet, dès la lecture du scénario, avant même que le film n'existe, l'acteur Danny DeVito en a déjà « plein la vue » et conseille à Stacey Sher, la productrice de Jersey Films (sa propre société de production), de faire une proposition à Tarantino de peur qu'il ne file après le succès de *Reservoir Dogs*. Tarantino se voit offrir « presque un million de dollars [155] » pour écrire et mettre en scène son prochain film. Tout à coup, l'ancien employé de Video Archives s'imposait comme un *player* [156] de l'échiquier hollywoodien ; il décide de ne pas mettre en scène *True Romance* et *Nés pour tuer* (*Natural Born Killers*), ces scénarios qui lui semblent désormais comparables à d'« anciennes petites amies [157] ». Il part pour Amsterdam, où il travaille sur *Pulp Fiction*, vit sans téléphone, traîne dans les haschisch bars comme le « Betty Boop », s'asseoit un bouquin à la main le long des canaux, assiste à une rétrospective Howard Hawks, s'achète des affiches de films et, comme une drôle d'éponge assoiffée, absorbe tout ce qui l'entoure. « Même si le film [*Pulp Fiction*] se passe à Los Angeles, j'étais en train de digérer tous ces trucs bizarres qu'on ressent quand on vient pour la première fois en Europe, et ils s'inscrivaient dans le scénario. C'est comme ça que cette vague histoire liée à un genre littéraire qui me trottait dans la tête depuis cinq ans a commencé à faire partie de moi, au fur et à mesure que je l'écrivais [158]. »

Vincent Vega (John Travolta), truand bedonnant aux cheveux longs, vient juste de rentrer d'Amsterdam ; en route pour un banal règlement de comptes, la conversation qu'il a avec Jules Winnfield (Samuel L. Jackson), son collègue truand, donne le *la* de cet étrange cocktail de propos ordinaires et extraordinaires qui caractérise largement *Pulp Fiction* et rend ses personnages inoubliables, même si ceux-ci arrivent et repartent sans tambour ni trompette. Ce sont des personnages comiques : peu importe le nombre de meurtres qu'ils auront sur les mains, la force du dialogue efface l'atrocité de ces deux tueurs et le bain de sang qui les inonde.

Jules et Vincent sont dans une voiture, vêtus des mêmes costumes noirs que dans *Reservoir Dogs* : revoilà les Dogs mais, cette fois, d'un autre film. Selon l'historien du cinéma Dana Polan : « L'un des arrière-fonds de *Pulp Fiction* est *Reservoir Dogs* [159] », comme Tarantino l'a lui-même dit dans plusieurs interviews. Mais plus qu'un arrière-fond, il s'agit d'une fluidité, une signature visuelle et écrite – un dialogue *dangereux* – qui lie les deux films, leur confère une unité et une texture que peu de réalisateurs sont parvenus à trouver…

Vincent explique à Jules les « petites différences » entre l'Europe et les États-Unis.

« Si je te disais qu'en Hollande, au cinéma, on peut boire de la bière ! Et de la bière que t'es pas obligé de boire dans un putain de gobelet ! Et à Paris, on peut en boire dans les McDonald's. Et devine comment ils appellent… tiens : un Quarter-Pounder with cheese ? »

Jules est sidéré : « Quoi ? C'est pas un Quarter-Pounder with cheese ?

– Mon cul ! répond Vincent, ça n'a pas de sens, Quarter-Pounder, avec leur système métrique ! Ils disent : Royal Cheese. »

Et ce minuscule domaine de mesures – sismographe des signes culturels – dément l'idée selon laquelle Tarantino serait perdu dans un monde de cinéma comme une espèce d'autruche piégée dans le noir. Il n'est pas une autruche, contrairement à ce que pensent certains critiques de cinéma. Tarantino se présente lui-même comme le dernier « homme de cinéma », un type qui un jour cessera de faire des films, partira vers le Montana ou vers un autre coin « où l'air est pur », vivra centenaire aux commandes de son petit cinéma à lui, où il pourra projeter ce que bon lui semble. Et comme le prédit Larissa MacFarquhar, il sera aspiré par son monologue, « les trente années que Tarantino aura vécues comme réalisateur ne seront qu'une parenthèse dans les cent années qu'il aura vécues comme dingue de cinéma [160] ».

Mais l'homme qui est parti pour Amsterdam avec ses crayons bien taillés était dévoré par l'ambition, capable de quitter ses amis, ses complices et ses partenaires d'écriture quand il le fallait. Il avait prévu de travailler sur *Pulp Fiction* avec Roger Avary, un autre de ces rescapés de Video Archives. Roger avait écrit un premier scénario, *Pandemonium Reigns*, l'histoire d'un boxeur dont la petite amie adore les tartes (comme Tarantino et beaucoup de ses personnages) et qui accepte de perdre un combat truqué ; il doit revenir chez lui pour récupérer la montre de son père, mais tombe, chez un prêteur sur gages, sur deux péquenots et un « tordu », et sera témoin d'une scène de sodomie (dans le scénario de Roger, tout le monde meurt). Le clou de cette histoire, le riff du capitaine Koons parlant de la montre au petit Butch, est de Tarantino. Comme il le dit à propos de la contribution de Roger : « Quelques idées sont de lui : les deux péquenots, le prêteur sur gages. Il avait inventé la montre par exemple, mais c'est moi qui ai dû inventer toute l'histoire autour de cette montre. J'ai aussi imaginé que Fabienne [la fiancée du boxeur] était française [161]. »

Tarantino s'est retrouvé à Amsterdam, à Paris, à Cannes, et à nouveau sur la route pour *Reservoir Dogs*, et pendant ce temps *Pulp Fiction* devenait un mammouth de cinq cents pages. Tarantino allait dégraisser le mammouth, sans Roger. « Avec le temps, cela devenait ma chose, et je n'avais pas envie de l'écrire avec lui [162]. »

Ce qui avait vu le jour comme une série d'histoires, une livraison de *Black Mask* (classique des fictions « à sensation »), s'était peu à peu transformé en trois histoires complexes aux personnages entrelacés. Tarantino acheta les droits de Roger sur le scénario. Roger est amer, mais il ne peut pas faire grand-chose : Tarantino a le vent en poupe et de bons avocats, alors que lui ne peut pas se permettre de produire quoi que ce soit à son compte. « Quentin est un type brillant, et il brille dans bien des domaines, entre autres celui de savoir gérer sa carrière [163]. »

Tout à coup, pourtant, le vent tourne. En janvier 1993, Tarantino a terminé le scénario, mais Jersey Films – qui l'a financé en signant un premier accord avec TriStar (filiale de Columbia Pictures) – se retrouve les mains vides après que TriStar a refusé *Pulp Fiction*, déconcerté par un scénario sans héros convenus et sans structure narrative traditionnelle. Tarantino prend l'affaire avec philosophie. TriStar, déclare-t-il, « m'a payé très cher pour jeter un œil au scénario [164] » ; pourtant, aucune autre major ne veut prendre le relais.

C'est donc à point nommé que Miramax et Harvey aux mains d'argent déboulent dans l'histoire. Miramax vient juste de se faire racheter par Disney, et le roi des distributeurs indépendants s'est introduit dans le château de Hollywood, ce qui lui permet de produire lui-même des films – grâce à l'argent de Disney. « Miramax est passé en surrégime à ce moment-là, une Coccinelle Volkswagen avec un moteur de Cadillac[165]. » Les dés sont jetés : le destin et l'avenir de Tarantino seront liés à ceux des Weinstein (Harvey et son frère Bob).

Pulp Fiction est le premier film financé par le *nouveau* Miramax, un studio désormais en mesure de prendre « un risque à hauteur de huit millions de dollars[166] ». En fait, ce n'était pas si risqué que ça. Les Weinstein avaient déjà pris grand soin de la carrière de Tarantino ; ils investissaient autant dans le réalisateur que dans le film, présentant Tarantino comme une espèce de gourou qui, en plus, pouvait rapporter gros. « Miramax est partenaire du Quentin Tarantino business[167] », lançait fièrement Harvey aux mains d'argent. Il avait résolu l'énigme qui fait la magie de Tarantino : « S'attendre à l'inattendu. C'est pour ça que les gens l'adorent[168]. »

Lui et son frère incarnaient « les deux ploucs du Queens avec leur société *cheap* à Tribeca qui produit tout ce qui traîne[169] ». Des « extraterrestres sortis d'une autre dimension » dans le monde « aseptisé » de Walt Disney. Pourtant Michael Eisner, le directeur général de Disney, comprend rapidement à quel point « les deux ploucs » peuvent être rentables. Harvey adore se présenter comme un ogre, ou encore comme « un gorille de 400 kilos », et Eisner s'y connaît en gorilles. Il offre à Harvey une cage toujours plus grande.

Miramax est un nom forgé à partir des prénoms des parents Weinstein, Miriam et Max. Les deux frères ont commencé par faire la promotion de concerts de rock, et ils utilisent les mêmes tactiques pour promouvoir des films indépendants. Ils ont une mentalité de gangsters, Harvey tenant le rôle du gros méchant. Né en 1952, il mesure 1,82 mètre, « 136 kilos tout compris… avec des yeux fixes comme des noyaux d'olive, piqués dans un visage rond au teint terreux, le cou large comme une bouche d'incendie et des mains de la taille de côtelettes d'agneau[170] ». Il est connu pour ses colères démentes. « Il arrachait les téléphones des murs et les lançait à travers la pièce. Il claquait les portes et renversait les tables. Presque tout ce qui se trouvait à sa portée pouvait se transformer en arme – les cendriers, les livres, les cassettes, les photographies de famille encadrées posées sur son bureau qu'il exhibait sous le nez d'un malheureux dirigeant avant de les regarder s'écraser sur le mur et exploser en une pluie de verre... C'était du théâtre – de la cruauté [171]. » À en croire un ancien cadre, ces colères sont purement « stratégiques ». Bob, le frère, subissait lui aussi ces épreuves. Selon une autre source, « ils étaient le Bien et le Mal mis dans le même sac [172] ».

« Si je n'existais pas, il faudrait m'inventer : je suis le seul digne d'intérêt [173] », a déclaré Harvey aux mains d'argent, et il n'avait pas tort. Lui et Bob ont pu se mesurer aux studios parce qu'ils comprenaient qu'un « petit film » était en fait un grand film en puissance qui attendait d'être sorti de sa boîte. Il fallait que les Weinstein se retroussent les manches, se durcissent le cuir. « Dans le monde des studios, vous êtes prisonnier d'une cage dorée. Dans celui des indépendants, vous êtes dans un trou bien plus sombre, plus crasseux et plus exigu [174]. » Mais ces deux-là se sont épanouis dans leur trou, l'ont agrandi en usant de leurs tactiques de commando, par la force de leur volonté ; ils ont dépensé beaucoup d'argent, ont tiré toutes sortes de ficelles pour décrocher les Academy Awards, et ont commencé à gagner des Oscars et la Palme d'or à Cannes. Deux films de Miramax, *La Leçon de piano* (*The Piano*) de Jane Campion et *Adieu ma concubine* (*Farewell, My Concubine*) de Chen Kaige se partagent la Palme d'or à Cannes en 1993, un an après la présentation hors compétition de *Reservoir Dogs*.

Harvey a désormais un nouvel animal domestique à la maison ; il se comporte avec Tarantino comme s'il s'agissait d'une fabrication « made in » Miramax. « C'est un prolo, on est des prolos [175]. » Mais les colères de Harvey n'ont pas de prise sur

Tarantino. Il peut bien dresser le poing et défoncer les murs, ça ne le mène nulle part. Daniel Day-Lewis faisait partie de son « écurie » de stars, et Harvey voulait qu'il joue le rôle de Vincent Vega. « Et quand Harvey tient à quelque chose, ça s'enregistre sur l'échelle de Richter [176]. » Daniel Day-Lewis avait un certain poids au box-office, et Travolta n'en avait aucun. L'homme que Michael Eisner avait un jour appelé la plus grande star de cinéma au monde s'enfonçait en enchaînant les films médiocres, il avait perdu contact avec son public et ne croyait plus en lui. Il continuait en roue libre, comme un acteur millionnaire parmi d'autres s'amusant à piloter son avion personnel – jusqu'à ce que Tarantino le « déniche ».

Et il est difficile de résister à Tarantino. Au bout de douze heures passées avec Travolta à jouer à des jeux de société, il lui parla de *Grease*, *La Fièvre du samedi soir* (*Saturday Night Fever)* et *Welcome Back, Kotter* (la série télé à grand succès qui avait lancé Travolta et lui avait valu de débarquer à Hollywood pour jouer Vinnie Barbarino, jeune homme charmant et désinvolte). Mais il ne lui fait pas non plus de la lèche ; il lui reproche aussi d'avoir choisi de mauvais rôles.

« J'étais à la fois blessé et ému, se souvient Travolta. Il m'a pris au dépourvu… Alors je suis rentré chez moi, tout ça a mariné dans ma tête et j'ai compris que ce gars-là se souciait de moi. Bien plus que n'importe qui ne l'avait jamais fait au cours de ma vie professionnelle… En tant qu'acteur, j'avais compté pour lui, comme Jimmy Cagney avait beaucoup compté pour moi [177]. »

Travolta n'a pas été d'emblée séduit par le rôle de Vincent Vega. Il n'avait pas envie de jouer un héroïnomane qui passe son temps à tuer des gens. « Sur le plan moral comme éthique, j'hésitais à m'associer à ce genre de films », déclara-t-il. Mais Tarantino eut l'art de le convaincre : « Il m'a aidé à comprendre qu'il présentait le monde du crime et de la drogue sous un angle très peu glamour [178]. »

Aussi *peu glamour* qu'Uma Thurman, qui apparaît comme une espèce d'ange capricieux descendu du paradis pour nous faire une petite visite, ou que Travolta lui-même, en plein trip d'héroïne, roulant sur l'avenue de son rêve ; la drogue *et* le crime sont tissés dans la « tapisserie » (comme Tarantino appelle son film), ce sont des éléments essentiels de la comédie et de la force narrative du film. Tarantino pousse sa chansonnette, et Travolta se laisse convaincre. Mais l'acteur met aussi le doigt sur un point précis : le rythme nécessaire pour faire sonner ses répliques. « Je crois être le seul à lui [Tarantino] avoir jamais demandé de réécrire. Si je tombais sur un petit passage que je n'arrivais pas à faire fonctionner, je lui demandais de le jouer, et il se rendait alors compte qu'il y avait un mot ou quelque chose qui clochait, et il le réécrivait. Il a l'avantage d'être bon acteur et il sait ce qu'il fait [179]. » En revanche, Tarantino ne *jouait* pas lorsqu'il luttait contre Harvey aux mains d'argent et son idée d'engager Daniel Day-Lewis. Derrière ses propos de gangster, une mentalité de gangster se dessinait. « Si je n'ai pas de flingue, c'est entre autres parce que si j'en avais un et qu'un gosse de douze ans débarque chez moi par effraction, je le tuerais… Pas question de le neutraliser en attendant les flics, de tirer juste pour le blesser. Je viderais le chargeur jusqu'à ce que mort s'ensuive. J'ai la même attitude vis-à-vis de mon travail. Je sais qu'au bout du compte, personne ne pourra jamais tripoter [mon] film au point que ça me contrarie [180]. »

Pulp Fiction marque son empreinte dès la scène d'ouverture ; il ne s'agit plus de la tension de huit hommes assis autour d'une table, avec cette caméra passant de l'obscurité à la lumière pendant que Tarantino fait monter la pression en débitant sa série de « bite, bite, bite, bite ». Nous découvrons deux délinquants à la petite semaine assis dans un café, Honey Bunny (Amanda Plummer) et Pumpkin (Tim Roth). Nous les surprenons en pleine conversation. La caméra ne bouge jamais, ne fait jamais de gros plan, mais elle semble les enfermer dans une sorte de fusion. Pour un peu, nous serions en train de regarder une nature morte : Pumpkin et Honey Bunny semblent faire partie du décor. Ils sont installés près d'une baie vitrée, mais l'arrière-plan est en partie masqué par des stores vénitiens. Le territoire délimité par le cadre est neutre, ce qui nous permet de nous concentrer non pas tant sur les deux personnages eux-mêmes que sur ce qu'ils nous disent. On ne comprend pas d'entrée de jeu qu'il s'agit de délinquants.

« Tu as l'air d'un canard », dit Honey Bunny, alors que Pumpkin est prêt à lancer son riff. Elle insiste : « Couin-couin-couin, couin-couin, couin… »

Ils rient ; nous sentons la chaleur de leurs voix ; une serveuse au visage rond fait intrusion dans le cadre, sourit et demande : « Encore un petit peu de café ? » Et nous avons le premier gros plan du film.

La serveuse ne fait pas réellement irruption ; elle est comme un objet du décor avec des lèvres qui bougent. Et ensuite, nous revenons à notre tableau initial, tandis que Pumpkin disserte sur les risques inhérents à son milieu et à son métier. « Dis-moi ce qui fait qu'on braque pas les restos ? Pourquoi, hein ? On braque les bars, les marchands de spiritueux, les stations-service. C'est le genre de plan qui finit à la morgue. Dans les restos, au contraire, t'arrive et personne t'attend. Eux, ils s'attendent pas à ce que tu les braques. Ils s'y attendent moins en tout cas. »

Dans le même temps, il lance à la serveuse : « Garçon, du café ! »

À nouveau, la serveuse entre dans le champ, mais cette fois on ne voit qu'une petite partie de son corps. « Je suis pas un garçon, je suis une fille », dit-elle en corrigeant Pumpkin à la manière d'une sorte de *deus ex machina* qui commenterait l'action, mais un *deus ex machina* sans grand pouvoir sur les événements.

Pumpkin rappelle à Honey Bunny que la dernière fois qu'ils se sont fait un marchand de spiritueux, certains clients continuaient à entrer et que c'est elle « qui a eu l'idée de leur piquer leurs portefeuilles ».

Et, à la manière d'un petit philosophe du crime, Pumpkin poursuit : « On ramasse plus avec les larfeuilles qu'avec la caisse.

– C'est vrai », dit Honey Bunny.

Et ils savent ce qu'il leur reste à faire. La caméra peut perdre sa neutralité, et nous avons notre premier gros plan sur Pumpkin et Honey Bunny qui s'embrassent en dévorant tout l'écran.

Pumpkin pose son calibre .32 sur la table ; un objet qui semble anodin. Son aisance nous inquiète. « Que personne ne bouge et tout se passera bien ! »

Honey Bunny est restée douce et féline, regardant Pumpkin avec des yeux pleins d'adoration. Mais la chatte câline se transforme en vipère alors qu'elle empoigne son flingue et le pointe sur les clients du café. « Si un seul d'entre vous fait un geste, bande d'enfoirés, ça sera l'exécution sommaire pour vous tous jusqu'au dernier ! »

La bande-son démarre avec son « Misirlou » qui monte en un crescendo hallucinant, et l'on enchaîne directement avec le générique qui défile sur un écran noir. Au milieu du générique, on entend le son brouillé d'une radio qui change de fréquence ; quelqu'un est passé à une autre station et nous voilà plongés dans « Jungle Boogie » par Kool & The Gang. Tarantino nous a donné toutes les clés dont nous allons avoir besoin. Il va changer de chaîne, nous emmener faire un tour de montagnes russes, mais en nous ayant remis des ceintures de sécurité et un filet de protection. La caméra va nous protéger, autant que le sens de la comédie de Tarantino.

Honey Bunny et Pumpkin sont des petits démons meurtriers qui auraient pu sortir tout droit du pays de Lewis Carroll pour entrer dans ce café. C'est le premier couple d'une série d'autres couples qui traversent *Pulp Fiction*, et la moitié du plaisir vient des manipulations bizarres de Tarantino à mesure que les couples changent constamment : Vincent et Jules, Vincent et Mia, le boxeur et Fabienne (Maria de Medeiros), le boxeur et Marsellus (Ving Rhames)...

Mais l'archétype de tous ces couples est bien Pumpkin et Honey Bunny, et Tarantino n'a pas cédé d'un pouce quand il s'est agi de décider qui allait les incarner. Il avait écrit les rôles en pensant à Amanda Plummer et Tim Roth. « Ce sont des amis dans la vraie vie et quand je suis tombé sur eux un soir, à une fête, j'ai été saisi par une intuition de réalisateur : leur taille, leur dégaine, leur énergie, tout en eux me poussait à les faire jouer ensemble dans un de mes films [181]. »

Et il n'allait pas tolérer la moindre ingérence. Au cours des négociations avec Mike Medavoy, le dirigeant de TriStar, Tarantino lui présenta une liste de noms pour le casting, avec Tim Roth en haut de la liste dans le rôle de Pumpkin. « Tim Roth est un excellent acteur, dit Medavoy, mais Johnny Depp figure aussi sur votre liste. Je préférerais proposer le rôle à Johnny Depp. Et s'il refuse, on s'orientera vers Christian Slater [182]. »

Tarantino posa à Medavoy la question qu'il avait toujours rêvé de poser à un nabab du cinéma : « Est-ce que vous pensez vraiment que Johnny Depp dans le rôle de Pumpkin, qui n'apparaît que dans la première et la dernière scène, est-ce que vous croyez vraiment que ça va faire un seul dollar de différence au box-office ? »

Non, répondit Medavoy. « Il n'y aurait pas un centime de différence, mais moi je me sentirais plus à l'aise. »

Tarantino dut jouer en finesse avec TriStar, Miramax et d'autres producteurs potentiels pour protéger son casting et laisser aux acteurs suffisamment d'espace de liberté. « Tarantino ne détaille pas vraiment ses personnages sur le papier, mais il plane au-dessus d'eux en protégeant leur liberté d'expression [183] », remarque Ella Taylor. Et la puissance de *Pulp Fiction* – sa texture et son *mordant* – vient de la capacité qu'a Tarantino à imaginer que tel acteur ou telle actrice incarnera tel rôle. Il lui fallut beaucoup de persévérance pour convaincre Uma Thurman de jouer Mia. Elle avait été effarée par la dureté de *Reservoir Dogs*, même si elle avait admiré le film. Elle accepta donc de lire le nouveau scénario de Tarantino. « J'ai trouvé ça assez terrifiant. Mais j'ai été conquise par cette énergie incroyable... et, dès notre premier dîner, on était comme de vieux amis. C'était vraiment incroyable. Il m'a rencontrée et il s'est dit qu'il avait rencontré Mia [184]. »

Uma se montre intrépide à l'écran, crâneuse et vulnérable en sniffeuse de cocaïne mariée à un gangster noir et millionnaire, arborant un air d'Anna Karina dans *Vivre sa vie* (1962) ou *Bande à part* (1964), le film de Godard que Tarantino préfère entre tous et dans lequel Anna Karina porte un casque de cheveux noirs. (Tarantino et Lawrence Bender allaient d'ailleurs appeler leur société *A Band Apart*, clin d'œil à Godard, avec pour logo les quatre silhouettes de Michael Madsen, Steve Buscemi, Tim Roth et Harvey Keitel, les personnages principaux de *Reservoir Dogs*.) Même si Uma n'a la vedette que dans une seule des trois histoires, son « rendez-vous » avec Vincent Vega est au cœur de *Pulp Fiction*, là où s'enchaînent les scènes les plus drôles et les plus horribles, quand elle danse le twist avec Vincent, fait une overdose après avoir tâté de son sachet d'héroïne et revient à la vie comme une fille de Frankenstein.

Tarantino aime parler d'Uma Thurman comme de sa « Marlene Dietrich », en jouant sur l'emprise quasi hypnotique que le réalisateur autrichien Josef von Sternberg avait sur Marlene, la façonnant à volonté dans des films tels que *Cœurs brûlés* (*Morocco*), *Shanghai Express*, *L'Impératrice rouge* (*The Scarlet Empress*) et *La*

Femme et le Pantin (*The Devil Is a Woman*), l'enveloppant dans une atmosphère de fumée et de nuages, la filmant sous les meilleurs angles et choisissant un éclairage unique auquel aucune actrice n'avait jamais eu droit…

Mais la vraie différence, c'est que Tarantino n'idolâtre pas Uma Thurman ; il lui permet de regarder et de jouer, plutôt que d'être uniquement regardée. Elle est bien plus proche d'Anna Karina que de Marlene. Elle fait partie d'un ensemble et le but n'est pas qu'elle nous écrase ou nous éblouisse, ou qu'elle soit éclairée comme une sorte de déesse. Selon la critique culturelle bell hooks [185], Mia est « l'épouse blanche, femme-enfant-chienchien menteuse et fourbe [186] » de Marsellus. Et bell hooks n'a guère plus de sympathie pour Samuel L. Jackson (Jules) et sa coiffure « *Jheri curl* [187] » (signe d'un Noir qui rejette sa propre négritude). Mais si Mia, Marsellus et Jules font partie d'une culture rétro qui joue à se recycler constamment ainsi que toutes ses pacotilles, Tarantino lui-même s'avère magistral dans son traitement des pacotilles en question ; le Jack Rabbit Slim's, restaurant rétro inspiré des années cinquante où nous croisons les sosies de Marilyn Monroe et Mamie Van Doren et où Mia commande un milk-shake « Martin & Lewis [188] » est une caverne qui devient un rêve de salle de cinéma, où les clients peuvent s'asseoir parmi leurs icônes et jouer avec elles.

Un critique anonyme du *Sunday Telegraph* va encore plus loin que bell hooks en qualifiant Tarantino de « Blanc ringard [189] » dont le travail est un formidable numéro dans la ligne droite des Minstrel Shows [190] : « Comme dans la plupart des Christy Minstrel du XIXe siècle, où les comédiens se noircissaient le visage avec du bouchon brûlé pour amuser les Blancs des classes moyennes, la violence au cinéma est une forme d'appropriation d'une vraie douleur transformée en une sorte de vaudeville. Tarantino est le maître, le plus grand poseur d'une culture de poseurs. »

Pulp Fiction a un lien direct avec le vaudeville, avec le pur jeu dans la scène où Jules nous en met plein les yeux en zigouillant les quelques dealers yuppies qui ont essayé de doubler Marsellus ; nous avons un sentiment de « distance » vis-à-vis de leur mort, mais moins à cause du vaudeville de la scène que de la présence hypnotique de Jules ; impossible de le quitter des yeux. Il efface tous les autres personnages de la scène, y compris John Travolta. La réussite de *Pulp Fiction* doit beaucoup à la performance de Samuel L. Jackson dans le rôle du tueur philosophe qui cite Ézéchiel avant de tuer l'un des yuppies. Est-il vraiment important de connaître les sources dont Tarantino s'est inspiré, de savoir qu'il fait référence à Sonny Chiba, la star japonaise des films d'arts martiaux qui récitait un sermon à ses ennemis avant de les descendre dans *Shadow Warriors*, la série télévisée à grand succès ?

Nous ne pensons pas à Sonny Chiba quand nous regardons Jules. Il peut se tromper autant qu'il veut en citant Ézéchiel. Il reste *notre* « Son of a Preacher Man », pour citer une des chansons de la bande-son. Nous adorons John Travolta dans le film, mais notre relation est bien plus complexe vis-à-vis de Jackson : nous le craignons tout en ne voulant pas qu'il nous quitte. Owen Gleiberman écrit dans *Entertainment Weekly* que Jackson « règne sur *Pulp Fiction* » avec sa « férocité brute… Il pourrait presque allumer des feux avec ses yeux de gremlin, et il transforme ses répliques en soliloques be-bop hypnotiques ». Il incarne « la furie guidée par l'ordre ».

« J'ai écrit le rôle de Jules pour Samuel Jackson, déclare Tarantino à Michel Ciment et Hubert Niogret de *Positif*. Je savais qu'il dégageait une force inouïe et que, si on lui en donnait la possibilité, il pourrait exprimer ce côté Richard III qui apparaît dans le film. Il y a peu d'acteurs capables de dominer une scène, de faire avancer les gens dans une pièce comme des pions sur un échiquier sans même avoir à se lever, en restant simplement assis [comme Jackson dans la scène finale, face à Pumpkin et à Honey Bunny]. Sam réussit ce tour de force dans *Pulp Fiction*[191]. »

C'est la même perfection terrifiante et la même vie intérieure qu'incarnait Michael Madsen dans le rôle de Mr Blonde, sauf que nous sommes soulagés quand Blondie se fait descendre alors que nous porterions le deuil de Jules pour l'éternité s'il ne s'en tirait pas à la fin de *Pulp Fiction*. Jackson avait du flair. Il s'est emparé de la force et des rythmes extraordinaires du scénario de Tarantino. « Je me suis assis, j'ai lu le scénario d'une seule traite, ce qui n'est pas dans mes habitudes, j'ai pris une grande respiration, puis je l'ai relu, ce que je ne fais jamais, juste pour m'assurer que c'était bien vrai. C'était le meilleur scénario que j'avais jamais lu. [...] Quand les gens voient des tueurs à gages, ils les imaginent chez eux en train de nettoyer leurs pistolets, d'aiguiser leurs couteaux, de faire briller leurs balles, et d'autres trucs dans le genre. Mais Quentin vous entraîne dans un monde où vous découvrez qu'en fait, ils discutent. Ils parlent de ce qu'ils vivent sans qu'il y ait un rapport avec ce qu'ils font. »

Et nous sommes prêts à suivre ce *son of a preacher man*, quitte à tomber avec lui dans quelque abîme d'horreur...

4

L'espace négatif

Le destin de *Pulp Fiction* n'est comparable à aucun autre film hormis *Citizen Kane*, qui avait explosé comme une fusée insolite dans un pays sur le point d'entrer en guerre. Mais à l'époque de la sortie de *Kane*, il n'existait pas de culture cinématographique, aucun critique américain ne pouvait cerner l'originalité de l'œuvre de Welles ou décrire la grammaire de *Kane* – les films n'étaient pas censés avoir une grammaire ni un langage qui leur soient propres. On ne comprenait pas la notion d'« espace négatif » telle qu'elle a été définie par le critique de cinéma Manny Farber en 1971 : « Un sens du terrain créé en partie par l'imagination du public » et par le rapport constamment changeant « caméra-acteurs-réalisateur », avec un metteur en scène « se mettant à l'épreuve » à mesure qu'il évolue dans le vide de son propre paysage. « [Un] film riche en espace négatif est toujours une œuvre dont la texture palpite d'acuité [192]. » Et tout au long de sa vie, Welles n'a cessé de chercher à marquer ce terrain, « à en faire à la fois un prisme et un bourbier ». Mais Hollywood ne croyait pas aux bourbiers et n'a pas cru en *Kane*. Pendant dix ans, le film est tombé dans l'oubli et il a fallu attendre les années cinquante pour qu'il resurgisse, à l'époque où un petit groupe de critiques de cinéma français, parmi lesquels André Bazin, le cofondateur des *Cahiers du cinéma*, commença à clamer que « l'histoire du cinéma » existait et que *Kane* était un des chefs-d'œuvre de cette nouvelle forme artistique sur laquelle si peu de gens daignaient écrire.

Bazin comprit la monstruosité de *Kane*, l'audace d'un film qui voulait briser toutes les règles de Hollywood, s'aventurer dans un territoire inconnu où l'on ne pouvait pas « séparer l'acteur du décor, le premier plan de l'arrière-plan [193] », et où chaque scène prise isolément récapitulait l'ensemble du film, où des objets comme un verre ou une cuillère pouvaient détenir leur magie propre, où la narration évoluait en tourbillons continuels au lieu de suivre une ligne ininterrompue, où l'on passait d'une déchirure à l'autre dans « le tissu sans couture » du récit si cher aux nababs comme Louis B. Mayer. *Kane* parle de l'amnésie : plus on s'enfonce dans le film, moins on en sait.

Il y avait dans le film un immense trou que Welles se refusait à « suturer » en y appliquant la consistance et le lyrisme d'une vie achevée. « Rosebud » (le dernier mot qu'articulera Kane), la clé qui actionne le film, n'est rien d'autre qu'un truc dans un grand sac à malice ; quand on apprend que « Rosebud » est le nom de la luge de Kane enfant, une enfance qui lui a été arrachée, cette révélation est une nouvelle ombre au paysage d'ombres du film. Et, si on n'y prend pas garde, on pourrait bien suivre les pas de Welles et de Charles Foster Kane et sombrer dans ce trou qui crève l'écran…

Même si Hollywood était le monde de l'oubli, du risque minimum, rien ne serait plus comme avant. Hollywood pouvait s'opposer à Welles, mettre son film au placard, faire de lui un hors-la-loi, un vagabond condamné à mendier des fonds pour pouvoir continuer à travailler, mais il ne pouvait pas enterrer le fait que *Kane* était le premier film produit par un studio (la RKO) qui défiait le système des studios. Welles n'avait rien d'un exécutant qui fournissait un travail de commande. Et Tarantino n'aurait jamais pu déclarer que le cinéma était « une forme artistique… et non une usine textile [194] » sans l'exemple de Welles et de *Citizen Kane.*

Welles n'a pas pu sauver sa peau, mais le « mythe » de *Kane* s'est avéré plus puissant que les nababs eux-mêmes, engloutis pour la plupart à la fin des années cinquante (Jack Warner a surnagé un peu plus longtemps, en jurant qu'il pouvait juger la valeur d'un film au temps qu'il tenait avant d'aller pisser). Tout à coup, il y avait des écoles de cinéma et une nouvelle génération de réalisateurs pour laquelle Welles comptait bien plus que le souvenir de Louis B. Mayer. Cette génération s'est épanouie dans les années soixante-dix alors que les studios commençaient à battre de l'aile, effarés par ces spectateurs qui avaient connu la guerre du Vietnam et voulaient se voir, eux, à l'écran plutôt que Mary Poppins. C'est comme ça que sont arrivés *Taxi Driver*, *Chinatown*, *Conversation secrète (The Conversation)*, *Five Easy Pieces* et *Shampoo*, avant que Steven Spielberg, l'homme de cinéma le plus ingénieux de sa génération, ne réalise *Les Dents de la mer* (*Jaws*, 1975), avec une astuce et un brio dignes du cirque Barnum & Bailey.

Avec *Les Dents de la mer,* le cinéma prenait la forme d'un spectacle de cirque, un cirque sans le moindre « espace négatif » ou territoire ambigu. Et la nouvelle vague américaine, qui s'était formée dans les pas de Welles, Godard et Truffaut, n'était pas en mesure de rivaliser avec ce cirque. Hal Ashby et Peter Bogdanovich, tout comme Coppola, tombent vite dans l'ombre, Scorsese restant le seul vrai survivant. Et Tarantino peut bien parler de l'influence des films d'horreur de Dario Argento et Mario Bava, il peut même en hommage appeler « Bava » un type d'héroïne dans *Pulp Fiction* et jurer fidélité à Sergio Leone et John Woo, il n'empêche qu'il a été formé par la nouvelle vague américaine et par sa volonté de ne pas courber l'échine face aux studios et à leurs banquiers, ou face aux stars qui gagnaient toujours plus en puissance, ces « anciens esclaves » libérés des contrats de sept ans qui les enchaînaient aux studios. Tarantino était impitoyable, comme Welles l'avait été en son temps. C'est à *tous* les nababs que Welles s'attaquait en se moquant d'un seul d'entre eux, en créant le personnage de Kane d'après William Randolph Hearst, un magnat de la presse, roi dans son château de San Simeon (rebaptisé Xanadu dans *Kane*), d'où il trônait sur la royauté de Hollywood accompagné de sa maîtresse, la star de cinéma Marion Davies. Welles ne s'est pas contenté de faire de Marion une cantatrice médiocre, il a repris le surnom câlin que le magnat avait choisi pour désigner les parties intimes de Marion, Rosebud (bouton de rose), et en a fait une sorte de clé qui ouvre les portes de *Kane*, si bien que le Tout-Hollywood riait de la petite blague salace de Welles.

Mais ce n'était pas là son plus grand péché face aux nababs ; avec son film, il défiait leur *raison d'être*[195] et leur hiérarchie de croyances. Welles tenait à ce que le public, une fois dans la salle de cinéma, sorte de sa torpeur et entre dans l'énigme de Charles Foster Kane, qu'il réponde aux vides et aux « blessures » de l'écran et qu'il devienne partie intégrante du terrain du film. Les nababs refusaient que l'incontrôlable vienne bouleverser le cours bien ordonné de leurs petites vies ; Irving Thalberg, le producteur le plus brillant de Hollywood, n'avait-il pas un jour « dompté » les Marx Brothers en supprimant leurs meilleurs gags sous prétexte qu'un film ne pouvait pas faire trop rigoler...

Kane est une sarabande d'instants et de morceaux imposés – flash-back dans un flash-back, bande d'actualités filmées, succession de scènes de petits déjeuners où l'on voit Kane et sa première femme vieillir sous nos yeux – qui donnent au film toute sa puissance, nous forcent à admirer sa structure et nous laissent saisis par son charme. Nous n'avons aucune idée de ce qui va se passer ; *Kane* se forme et se déforme sous nos yeux, il construit, détruit, pour reconstruire à nouveau ; des personnages meurent et rajeunissent dans la scène suivante jusqu'à ce que le temps lui-même devienne liquide et ruisselle partout.

Et c'est cette même fluidité que l'on retrouve dans le deuxième film de Tarantino ; Travolta se fait descendre d'une rafale de mitraillette puis revient pour un tour de piste. Tarantino déclare ne pas aimer les flash-back, il filme pourtant le boxeur Butch (Bruce Willis) en train de rêver de la montre en or de son père : la scène a tout d'un flash-back. La caméra reste neutre même si l'instant filmé est bizarre, et jamais elle n'intensifie l'action, jamais elle ne nous piège en nous faisant voir ce que nous ne voulons pas voir. Même si le film regorge d'atrocités – Vincent tire par erreur dans la tête d'un des dealers yuppies, Marsellus est violé par un péquenot, Marsellus tue ce même péquenot en lui tirant dans le bas-ventre après que Butch est venu à sa rescousse en embrochant le complice du péquenot avec un sabre de samouraï, Vincent doit poignarder Mia droit dans le cœur avec une aiguille d'adrénaline qui a tout d'un poignard – on n'a jamais le sentiment de s'éloigner vraiment de la comédie. La mort de Marvin (le jeune Noir tué par Vincent) ne nous attriste pas, parce qu'il n'a jamais vraiment été *intégré* dans le cadre. Et les critiques qui veulent interpréter ça comme une sorte de tyrannie culturelle où les Blancs peuvent « flinguer » et enculer les Noirs, une version propre à Tarantino de la « cool attitude » blanche, oublient qu'en l'occurrence les Blancs ne sont guère mieux traités.

Les comédies les plus réussies sont souvent cruelles et riches du burlesque le plus outrancier : tous les personnages sont victimes et bourreaux, toute chose, toute personne sert de cible, et on finit par tous macérer dans la même « soupe au canard [196] », que l'auteur soit Aristophane, les Marx Brothers ou Mel Brooks (dans *Frankenstein junior* et *Le shérif est en prison*). Dans la soupe au canard de Tarantino, « les réalités basculent les unes sur les autres – une race dans une autre, une classe dans une autre – et elles nous font comprendre, une fois encore, combien les frontières sont minces dans notre Far West urbain fait de trafic, de drogues, de corruption et de destruction professionnelle [197] », écrit Stanley Crouch.

Pulp fiction a déclenché de telles passions que le magazine *ArtForum* consacre une grande partie de son numéro de mars 1995 à crever le ballon de critiques du film dans une série d'articles intitulés « Le chic geek », « Le cool : un outil », « Magie mineure » et « Film facétie ». C'est une entreprise de démolition exceptionnelle ; les articles sont enlevés et intelligents, et leurs auteurs – Gary Indiana, bell hooks, Dennis Cooper et Robin Wood – sont des pourvoyeurs de culture cinématographique, des gardiens de l'avant-garde aux références irréprochables ; et ils ont au moins en commun un respect teinté de rancune pour l'œuvre de Tarantino, ainsi qu'un réel désir d'interpréter son langage, qu'il existe ou non. « Les films [de Tarantino] sont convenus, mais la formule est unique, une collision féroce entre les éléments – rupture de la ligne narrative, plus rude et radicale que chez Godard. [...] Tarantino peut s'engouffrer dans un cliché avec une énergie folle », écrit Gary Indiana, qui expose clairement le plus grand péché de Tarantino : « On se trouve toujours pris dans un artifice bricolé à partir d'autres artifices plutôt que puisé dans une expérience profonde de la vie. » Et, selon Dennis Cooper, « Tarantino est véritablement un des rares réalisateurs dans le sillage de Scorsese capables d'authentique prestidigitation cinématographique ». Mais, continue-t-il, « Scorsese est profond et ses meilleurs films sont forts de cicatrices affectives et spirituelles », alors que « Tarantino, lui, nous offre une surface terrifiante ».

Pour bell hooks, c'est un « maître du déconstructivisme » au « parfum postmoderne ». Et elle rapproche la « soupe au canard » de Tarantino, où races et réalités s'entrechoquent, d'un « multiculturalisme à tendance néofasciste chic ». Elle se focalise sur Jules (Samuel L. Jackson) en qui elle voit un « intellectuel momifié parlant de la mort » avec « une coupe de cheveux ringarde », qui semble « sorti d'un Minstrel Show – racontant au monde que le philosophe prédicateur noir n'est finalement qu'un Blanc travesti en intellectuel de pacotille, singeant, imitant et débitant une rhétorique intellectuelle qu'il est incapable d'utiliser vraiment pour donner un sens à sa propre vie ». Quant au créateur de Jules, c'est encore un de ces « escrocs blancs fabriqués par la starisation culturelle ».

Bell hooks a tout à fait raison… et tort. Jules est un spectre sorti de l'univers des Minstrel Shows. Et sa coupe de cheveux est « sa manière à lui de singer les Blancs… Cette coiffure agit presque comme un autre personnage dans le film. Répliquant à Jules quand il nous parle, elle sape chacune de ses paroles tout au long du film ». C'est-à-dire, à moins que les paramètres ne changent et que nous soyons plongés dans un univers comique, un pays du pur jeu où des expressions consacrées telles que « profond » ou « expérience profonde de la vie » n'ont pas autant de magie que nous aimerions le penser.

La philosophie de Jules sort tout droit d'une brocante de culture pop. Il veut parcourir le monde, « comme Caine dans *Kung Fu*. Voyager de pays en pays, [se] promener et faire des rencontres ». Il comprend que lui et Vincent devraient être morts. Le dealer yuppie avait planqué un « quatrième homme » dans les chiottes avec « un énorme calibre .357 Magnum ». Le quatrième homme jaillit des chiottes, vide son chargeur à bout portant sur Jules et Vincent… et rate sa cible.

« Dieu pourrait très bien avoir arrêté les balles ou changé le Coca en Pepsi, dit Jules à Vincent. Le problème est pas que ce soit ou non un vrai miracle. Parce que ce qu'on a vécu ce matin, que ça soit ou non reconnu comme un vrai miracle, ça, ça veut rien dire. Pour moi, ce qui est important, c'est l'intervention de Dieu. Dieu est intervenu en personne. »

Et, parce qu'il a senti « l'intervention de Dieu », Jules décide de ne pas tuer Pumpkin et Honey Bunny, alors que Tarantino nous ramène au prologue du film en faisant une marche arrière vertigineuse, la scène d'attaque à main armée dans le café. Et les deux couples de « voleurs » – Jules et Vincent, Pumpkin et Honey Bunny – sont comme des reflets hallucinatoires les uns des autres. Les deux équipes se volent leur identité – portefeuille ou vie – et, au moment où elles entrent en collision, c'est presque comme si chacune apaisait et calmait la rage de l'autre. Pumpkin et Honey Bunny peuvent sortir avec tous les portefeuilles (et avec l'argent de Jules mais pas avec son portefeuille en cuir gravé d'un « Bad Mother Fucker »), et Jules et Vincent peuvent sortir dans les vêtements ringards qu'ils ont dû enfiler après que leurs costumes noirs rituels ont été éclaboussés du sang et de la cervelle de Marvin. Ils ont des dégaines de clowns, ce sont des clowns, et je les préfère à toute « expérience profonde de la vie ».

Bell hooks met « dans le mille, Émile », comme Jules pourrait dire, quand elle nous dit que « notre clochard touché par la grâce du dharma [Jules] n'a nulle part où aller – pas de terrain de jeu tiers-mondiste où il puisse prendre sa retraite », et qu'il ne peut que se retirer dans « le néant », mais cela ne diminue en rien la force démoniaque de la prestation de Jackson (que bell hooks qualifie elle-même de « stupéfiante »). Aucun acteur ne nous a jamais fait frémir ainsi ni n'a habité la peau d'un personnage avec une telle intensité. Et cette intensité échappe à tout baromètre culturel ou stricte interprétation. Il se peut que le cinéma soit essentiellement un art des surfaces : les petits éclats de lumière qui scintillent sur l'écran et les craquements de la bande-son sont peut-être les seules clés qui nous seront jamais données pour connaître la vie intérieure de quelqu'un.

Tout le monde semble avoir la notion de surface à l'esprit, du moins lorsqu'il s'agit de Tarantino : il est le véritable descendant du postmodernisme, comme s'il y avait un vide au centre de son travail et que Tarantino lui-même était quelque lutin malicieux qui passerait son temps à polir encore et toujours les mêmes vieilles surfaces. Dans une étude très détaillée de *Pulp Fiction*, Dana Polan décrit la « culture des surfaces » du postmodernisme et « son évocation d'une force viscérale si intense qu'elle se substitue à tout souci d'atteindre un sens profond ». Il compare *Pulp Fiction* à Disneyland, et le visionnage du film à une visite dans un parc à thème. « Dans les deux cas, on a le sentiment que la trajectoire proposée est faite d'une succession d'attractions distinctes, chacune étant conçue pour nous surprendre et nous éblouir. » Et ces attractions distinctes « se détachent de l'intrigue pour devenir des morceaux de bravoure isolés, soit par le brio des dialogues, soit par l'étrangeté de l'action (comme chez le péquenot prêteur sur gages), soit par l'étalage virtuose du style cinématographique ».

Je me demande quel parc à thème Dana Polan pourrait bien évoquer pour parler de *Citizen Kane.*

Pulp Fiction est à des années-lumière d'un Disneyland clinquant destiné à surprendre et éblouir mais sans pour autant subvertir ou s'aventurer dans la destruction. Tarantino s'est mis à se présenter comme le « Mickey Mouse » des Weinstein après que Miramax a été vendu à Michael Eisner. Mais le vrai Mickey était une créature bien plus subversive, avec cette voix de soprano en culottes courtes qui frise l'hystérie (Walt Disney lui a prêté sa voix) ; il n'avait rien du petit saint qui règne sur Disneyland...

Polan tente de démêler les différences entre moderne et postmoderne et, ce faisant, il sape le pouvoir viscéral du cinéma, son *besoin* de surfaces. « L'énigme du modernisme est tournée vers un sens plus élevé ; celles du postmodernisme restent à la surface et font du spectateur le participant d'un jeu. » Mais le « texte », qu'il s'agisse d'un film ou d'un roman, est depuis toujours – moderne ou pas – une sorte de jeu où le lecteur doit s'impliquer dans les règles et les rimes internes. Le texte n'est jamais stable, jamais solide ou sécurisant. Il ne cesse d'entrer en éruption et de se dérober sous nos pieds comme un volcan, ou bien il meurt, figé dans la langue de son temps, perdu dans la couleur locale d'une langue ou d'une autre, comme certains hiéroglyphes indéchiffrables. Nous pouvons lire *Hamlet*, ou *Les Voyages de Gulliver*, ou *Alice au pays des merveilles* parce que leurs personnages et leur langue se dilatent et rapetissent avec une étrange élasticité, et parce qu'ils sont des monstres de l'imagination cantonnés au théâtre magique qui se développe entre nous et le texte – cet « espace négatif » très intime.

« Postmoderne » est devenu un terme fourre-tout pour qualifier tout ce qui est anormal ou « irréel ». Dans son ouvrage *Postmodernism : Roots and Politics*, le sociologue Todd Gitlin va au-delà de cette anormalité. Le prémoderne, nous dit-il, « affectionne la continuité, utilisant une seule voix narrative ou abordant un centre visuel unique. Il respecte la séquence et la causalité du temps et de l'espace ». L'œuvre moderne cherche encore cette unité, mais cette unité est « faite à partir de fragments, ou de chocs… Elle se déplace sans prévenir entre une multiplicité de voix, de perspectives, de matériaux ». Toutefois, l'aspiration à une unicité au centre des choses demeure. Dans l'art postmoderne, ce centre n'existe plus. Non seulement la voix principale s'est effacée, mais tout sentiment de perte est présenté sous un angle pince-sans-rire. Nous avons dorénavant un paysage infini de surfaces « qui résonnent sur d'autres surfaces ». Le texte semble se parler à lui-même et il est entièrement absorbé par sa propre existence. Il est « fragmenté, instable, voire décomposé ». La passion et la beauté sont devenues des matériaux conditionnés, des éléments de décoration.

« Les postmodernes pillent des débris de l'histoire parce qu'il n'y a pas de centre au centre » ; nous n'avons plus de contexte historique ; nous nous retrouvons conditionnés au même titre que la culture. Nous sommes les blessés en marche, les lecteurs de signes qui ne cessent de se répliquer dans une culture du battage publicitaire. Nous en sommes arrivés à nous considérer comme des produits, comme des êtres plus morts que vifs.

Le cinéma est un art américain, qu'il ait été ou non inventé en Amérique. Il est né en même temps qu'un nouveau siècle, et le premier village global, Hollywood, était peuplé de chiffonniers et de gantiers comme Louis B. Mayer et Samuel Goldwyn (ou Goldfish), qui n'avaient pas de quoi jouer en Bourse et se sont lancés dans la toute jeune industrie du cinéma. Ils ont imaginé une ville au milieu de vergers de citronniers où ils auraient assez de lumière pour tourner en extérieur et en intérieur, et commencé à produire leurs théâtres d'ombres où des acteurs anonymes paradaient comme des fantômes sur un écran. Ces nababs voulaient à tout prix des histoires d'amour qui captiveraient leur public, pourtant la salle de cinéma était aussi un mausolée ; les spectateurs pouvaient lire leur propre disparition dans l'obscurité qui accompagnait le début et la fin de chaque film. Mais, grâce à tout ce mouvement, toute cette surexcitation à l'écran, ils pouvaient oublier qu'ils étaient au pays d'Osiris. Gary Cooper – ou Jean Gabin si le film était français – allait mourir à leur place. Ils voyaient Garbo sortir de son isolement pour embrasser John Gilbert avant de regagner l'obscurité. Carole Lombard les faisait rire, même si on pouvait lire une certaine tristesse au fond de ses yeux. Les choses semblaient bien en main. Les nababs avaient leurs machines d'amour, des dieux et des déesses qui vivaient comme des prisonniers sur les collines de Hollywood.

Sur ce, Orson Welles a déboulé avec son conte de fées empoisonné qui ridiculisait les nababs, ridiculisait Marion Davies, ridiculisait William Randolph Hearst, étalait ses secrets d'alcôve, transformait le « bouton de rose » de Marion en luge d'enfant et faisait tout pour que le public partage un peu la mort de Kane, à mesure que Welles le poussait loin, plus loin encore dans l'obscurité...

Mais si *Kane* a été une bombe à retardement pour les nababs, suggérant qu'une forme artistique avait poussé juste sous leur nez, *Pulp Fiction* exploserait dans un Hollywood qui, cinquante ans après *Kane*, restait replié sur lui-même et n'avait rien perdu de sa dureté et de sa lâcheté. Bell hooks voit Hollywood comme « l'endroit où la patriarchie capitaliste des défenseurs de la suprématie blanche peut continuer à s'auto-inventer. [...] Hollywood est la nouvelle plantation, gagnant plus de chic au cours des années ». Bell accorde toutefois à la capitale du cinéma un peu trop de crédit. Et si nous parvenons à dépasser l'idéologie de hooks, il est possible de lire Hollywood comme ce royaume de l'entrepreneuriat où, à l'image de la cité d'Émeraude du *Magicien d'Oz*, un groupe de sorciers effarés s'agrippent à leurs sacs à malice et tentent de gaver la planète entière d'une espèce d'idéal d'Amérique homogénéisée.

Pour ces magiciens, *Kane* est un film non américain, *Kane* condamne le rêve américain, démasque l'étroitesse du succès et s'intéresse à des angles de vue et des trucages sonores qui dépassent leur structure mentale. Ils se sont d'ailleurs appliqués à tuer le film ; leurs vassaux n'allaient laisser Welles remporter qu'un seul Oscar, celui du meilleur scénario, Oscar qu'il dut partager avec Herman Mankiewicz, comme si sa propre vision avait été éperonnée dès le départ et que Welles n'était rien d'autre que la moitié d'un homme.

Tarantino n'allait pas mieux s'en tirer. Comme tous les autres cette année-là, le syndrome « Gump » l'a englouti : car *Forrest*

Gump de Robert Zemeckis, un film sur un idiot savant qui traverse l'histoire des États-Unis, a raflé presque tous les Oscars. Comme Welles en son temps, Tarantino a dû partager son seul Oscar (avec Roger Avary pour le meilleur scénario original). Hollywood préférait un film qui vous met la larme à l'œil comme *Forrest Gump* à une œuvre aux dialogues âpres, avec des cadavres partout et un héros accro à l'héroïne. Et, comme Tarantino le découvrirait bientôt, il y avait derrière tout cela une bonne dose d'hostilité envers Miramax et les Weinstein, ces hooligans sortis du Queens.

« En fin de compte, les studios n'apprécient pas ces intrus qui débarquent dans le business. [...] Si tous les gens des studios fêtaient Thanksgiving, on mettrait sans doute Miramax à la table des enfants [198]. » Mais le succès de *Pulp Fiction* allait vite changer la donne. « Dorénavant, non seulement Miramax s'assied à la table des grands, mais tout le monde a les yeux rivés sur ce qu'il y a dans son assiette. »

Pourtant, sans la France, *Pulp Fiction* aurait pu ne pas bénéficier de stratégie marketing. *Reservoir Dogs* avait fait l'effet d'une espèce de bâtard à Cannes en 1992, à l'époque où Tarantino était choyé comme un chiot, alors que son film ne pouvait prétendre à aucun prix. Nous étions maintenant en 1994, et le deuxième film de Tarantino était en compétition officielle, mais *Trois Couleurs : rouge* de Krzysztof Kieslowski s'imposait comme le grand favori. Kieslowski était malade et avait annoncé que *Trois Couleurs : rouge* serait son dernier film. Le cinéaste était un maître en fin de carrière, un maître qui pouvait utiliser les sons et les couleurs comme un grand magicien alors que Tarantino faisait figure de rockabilly flanqué de producteurs iconoclastes. Ce que personne n'avait prévu, en revanche, c'est que les frères Weinstein viendraient à Cannes. Ils débarquèrent sur la plage avec tous les acteurs de *Pulp Fiction*, façon commando. Devant John Travolta et Bruce

Willis, Cannes perdit la tête, mais c'est Tarantino lui-même qui allait devenir la star du « commando *Pulp Fiction*[199] » ; personne n'avait vu le film, dont la première était programmée pendant le festival, mais les Français avaient été les premiers à analyser *Reservoir Dogs* et « les fans le fêtaient où qu'il aille[200] ».

Miramax fit le déplacement. Le studio organisa des déjeuners et des dîners avec « le commando *Pulp Fiction* » et certains critiques. Au cinéma Olympia, le studio organisa une projection privée en leur honneur. Et Samuel L. Jackson se souvient que ceux qui assistaient à cette projection s'attendaient à « une espèce de festival "gore" de coups de feu, de flingues et de "*motherfucker, motherfucker*"[201] » et voilà qu'ils avaient sous les yeux quelque chose « de complètement nouveau et unique. [...] Je n'avais jamais vu le film avant cette première projection. J'avais lu le scénario peut-être quatre-vingts ou quatre-vingt-dix fois et j'étais pourtant subjugué, assis là, en présence du film ».

« Le commando *Pulp Fiction* » avait bouclé ses valises, certain que Kieslowski allait gagner, quand des responsables du festival conseillèrent à Harvey Weinstein de rester. Il allait y avoir un vrai charivari. Quand Steven Soderbergh remporta la Palme d'or en 1989 pour *Sexe, mensonges et vidéo* (*Sex, Lies, and Videotape*), il écrivit que c'était « comme si une fée avait donné un coup de baguette magique et déclaré : "Tu vas être John Lennon pendant trois heures"[202] ».

Les trois heures de Tarantino durent toujours. La Palme d'or lui offre un « prix de bonne conduite », dit-il. Mais elle va lui donner plus que ça. Ce prix lui confère une crédibilité, lui permet d'incarner et de mettre en scène le « Quentin Tarantino Show » et d'emmener cette attraction à travers le monde. Première étape : Manhattan. Là, Tarantino bénéficie d'un coup de pouce de John Travolta. Les Weinstein voulaient lancer *Pulp Fiction* comme un film de vacances, leur grand succès de l'été, mais Travolta s'oppose à ce plan. Il récolte les foudres des Weinstein et des heures de conflits. « Tu ne peux pas déconner avec ce film, dit-il à Harvey Weinstein. [Quentin] m'a témoigné plus d'amour que personne auparavant, et maintenant à mon tour de lui montrer que je l'aime plus encore en te demandant de le protéger. Tu as décroché Cannes, tu as vu la critique, je les connais, tu as dans les mains un truc unique. Il faut qu'il sorte en octobre [203] » – avec les films en compétition pour les Oscars.

Maintenant qu'il n'était plus ciblé comme le grand film de l'été, *Pulp Fiction* pouvait faire l'ouverture du festival de New York en septembre et déclencher aussitôt une véritable tornade. Richard Peña, le directeur du festival, s'inquiéta d'un tel déchaînement de violence. Il aurait pu choisir un film moins polémique pour le créneau si convoité de l'ouverture. « Nous étions tous inquiets. » Mais Peña comprit tout de suite que *Pulp Fiction* « était tout simplement un saut quantique au-dessus de presque tout ce qui se passait dans le monde du cinéma indépendant américain [204] ».

En octobre, lors de la sortie nationale du film (dans 1 200 salles), il avait déjà acquis une visibilité *après* la Palme d'or et les échos du festival de New York. *Le Spécialiste* (*The Specialist*), avec Sharon Stone et Sylvester Stallone à l'affiche, sortait la même semaine et aurait dû s'imposer comme le succès monstre de la saison, mais c'est *Pulp Fiction* qui se retrouve en première position au box-office ; « et personne n'en revient [205] », déclara Tarantino au *New York Times*. Puis, après cette première semaine, « on les a démolis ». Ce n'était pas l'intervention de Dieu, comme Jules pourrait le dire. *Pulp Fiction* allait devenir le baiser de la mort pour Stallone et ses films d'action granitiques. Les répétitions déclinables à l'infini de Rocky-Rambo ne tenaient pas le choc face à ce renouvellement du tandem Abbott et Costello [206] mués par la magie de Tarantino en Vincent et Jules. Stallone jouait lui aussi le rôle d'un tueur à gages (et d'un expert en démolition) que Sharon Stone voulait engager. On avait presque envie qu'ils puissent laisser tomber leurs dialogues pathétiques et les péripéties grotesques du scénario pour filer au Jack Rabbit Slim's danser un twist...

Si Tarantino pouvait battre à plate couture *Le Spécialiste* et une centaine d'autres films pas vraiment mémorables, il avait plus de mal à lutter avec lui-même. *Tueurs nés* d'Oliver Stone venait de sortir le même été, d'après le scénario original de Tarantino remanié par Stone et deux autres scénaristes. Quentin commença à broyer du noir à cause d'Oliver Stone. « On ne peut pas modifier ce que j'ai écrit et s'attendre à ce que j'applaudisse [207]. » Du Tarantino tout craché. Tony Scott l'avait platement imité avec *True Romance*, en faisant un film bien plus linéaire, mais Tony Scott n'avait pas l'étoffe d'un rival, Oliver Stone si. Stone avait débuté comme scénariste, de même que Tarantino ; Stone avait travaillé sur *Scarface* (1983) au côté de Brian De Palma, le premier réalisateur que Tarantino ait jamais vraiment admiré ; Stone avait suivi les cours d'une école de cinéma alors que Tarantino était un fou de ciné sorti d'un vidéoclub ; Stone était le réalisateur le plus admiré des années quatre-vingt et du début des années quatre-vingt-dix, avec *Platoon*, *Wall Street*, *Né un 4 juillet* et *JFK*.

« Pour moi, sa plus grande qualité, c'est son énergie. Mais son plus gros problème, c'est que sa banalité annule son énergie et que son énergie gonfle sa banalité. C'est un Stanley Kramer, le style en plus [208] » – c'est-à-dire un réalisateur très soucieux de son message.

Quel que soit son « message » ou sa politique, *JFK* est un film sur l'hallucination plutôt que sur l'Histoire, un film où résonnent de nombreuses voix polymorphes : Jack Lemmon et Ed Asner sont presque méconnaissables dans leur immoralité, et Gary Oldman incarne Lee Harvey Oswald en faisant passer un frisson – une sauvagerie – qui dépasse la force de l'imitation. Ces personnages sont des fantômes enfermés dans un univers où le temps s'est arrêté autour du roi assassiné, comme l'Amérique, qui, dans sa quasi-totalité, avait quelque chose de fantomatique après l'assassinat de Kennedy. Difficile d'imaginer que Tarantino n'ait pas pris des leçons en voyant *JFK*, ou qu'il ne se soit pas senti proche des gargouilles qui hantent l'écran. Mais il allait lui-même hanter Oliver Stone car la sortie mondiale de *Pulp Fiction* était programmée avant celle de *Tueurs nés*, et Stone à son tour ne cessera de surgir dans le sillage de Tarantino.

« En Europe et partout où on allait, on arrivait dans un pays et [Quentin] venait juste d'y passer [avec *Pulp Fiction*] si bien que, dans toutes les interviews, on avait droit à ces questions… Qu'avez-vous fait de son sacro-saint scénario ?… Ça n'a pas arrangé nos affaires parce que ça a entaché le film, comme si le scénariste avait laissé tomber son script et que ça ne pouvait donc déboucher que sur une catastrophe. Et lui n'avait même pas vu le film. Ce qui n'était pas vraiment loyal. Il était d'une arrogance extraordinaire [209]. »

Stone se sentait obligé de commenter *Pulp Fiction*. « La question qui se pose est de savoir si on peut élargir sa vision du monde au-delà de ce genre, de cette combinaison entre violence et humour. […] À mes yeux, on ne peut pas passer le reste de sa vie à raconter la même histoire réussie [les icônes de la pop culture]. On peut faire des films drôles, des films à sensation, mais je me demande : est-ce que ça raconte vraiment quelque chose ? »

Il était mal à l'aise face à cette « Tarantino mania » qui touchait la moitié de la planète. « De toute ma vie, je n'ai jamais vu un jeune réalisateur déclencher de telles réactions… Je n'ai jamais vu une chose pareille. C'est disproportionné. Ce n'est pas normal [210]. » Tarantino a surtout nui à la popularité de *Tueurs nés* parce qu'il « est devenu du jour au lendemain un dieu, un mythe, une légende. Les premiers pas de sa carrière ont été probablement les plus salués au monde [211] ».

C'est sans compter Orson Welles, qui survécut à Hollywood avec sa propre compagnie théâtrale, le Mercury Theatre, qui animait une émission de radio sous le nom de « The Shadow » (l'Ombre) et pouvait blesser ses ennemis rien qu'en haussant la voix ; Orson Welles, dont l'adaptation radiophonique de *La Guerre des mondes*, au cours de laquelle il annonça à la veille d'Halloween que les martiens étaient en train de se poser dans le New Jersey, ficha une trouille bleue à toute l'Amérique. Le Welles de la couverture du *Time*, un géant âgé de vingt-trois ans. Alors qu'il préparait *Kane* à la RKO, il vivait une histoire d'amour avec l'actrice Dolores del Rio, une des grandes beautés de Hollywood. Il était bravache, souvent brutal, un gamin génial qui avançait dans la tornade de sa propre publicité. Il était passionné par les tours de magie et, pendant une courte période, sembla faire disparaître à volonté les producteurs et les nababs. Mais il ne comprenait pas le langage d'Hollywood. Il pensait pouvoir conserver ses jouets de la RKO pour toujours. Homme de panache, toujours prêt à hurler et à séduire, il n'avait aucun sens de la politique des studios ou de sa propre survie. Et vite, très vite, Hollywood allait l'enterrer vivant...

Tarantino, lui, n'est pas prêt à se laisser enterrer : il est bien plus acrobate et magicien que Welles ne l'a jamais été. Il crée sa propre société de production avec Lawrence Bender (dont il se sépare en 2005). Il n'a pas arrêté de rompre avec tous – agents, managers et petites amies, tous ceux qui avaient autrefois soutenu sa carrière. Il comprend le *business* du cinéma avec une intuition que Welles n'a jamais eue. Il danse quand il le faut, courtise les journalistes jusqu'à ce que ces mêmes journalistes soient obligés de le courtiser, voyage partout avec ses films jusqu'à ce que ses films puissent voyager sans lui. Welles a fini dans l'indigence, obligé de gratter les fonds de tiroir pour faire un film de plus, et je doute que Tarantino ait jamais à gratter les fonds de tiroir.

« Depuis *Pulp Fiction*, je ne suis plus vraiment obligé de bosser si j'en ai pas envie, et c'est une position assez cool [212] », a-t-il déclaré à J. Hoberman.

Les recettes mondiales de *Pulp Fiction* se sont montées à plus de deux cents millions de dollars. Et, en ancien employé d'un vidéoclub, Tarantino a bien compris l'importance des ventes vidéo. Il a retardé la sortie vidéo de *Pulp Fiction*, sachant que les vidéoclubs et leurs clients trépigneraient d'impatience. Et, selon Tarantino : « Ça a rapporté gros avec le temps ! » Quand *Pulp Fiction* est enfin sorti dans les vidéoclubs, « le film s'est imposé comme la vidéo la plus rentable à la location de toute l'histoire, juste devant *Terminator 2*, *Danse avec les loups* et *Ghost*, je crois bien. »

Pourtant, sa façon de jouer au nabab n'est qu'un masque supplémentaire. Tarantino est en fait un réalisateur aussi intransigeant que Welles ou Stanley Kubrick, lequel surveillait chaque détail du marketing accompagnant la sortie de ses films. Et la stratégie seule n'aurait pas suffi à lancer *Pulp Fiction* comme le premier film indépendant à rapporter autant qu'un gros succès hollywoodien.

Tarantino est bel et bien le « Mickey Mouse » de Miramax… et plus, bien plus encore. Harvey aux mains d'argent incarne le parfait homologue de Tarantino – tous les deux sont « des gorilles de 360 kilos », des gorilles qui savent jouer ensemble. « Je suis tellement content de t'avoir convaincu de prendre Travolta pour ce film [213] », lui dit Harvey après avoir vu un premier montage de *Pulp Fiction*. Mais ni l'un ni l'autre n'aurait pu prédire que le film allait devenir un badge et un cri de guerre pour toute une génération de spectateurs, doublé d'un document qui allait marquer le millénaire.

Pulp Fiction a intrigué et troublé d'autres réalisateurs qu'Oliver Stone. Paul Schrader voit une « grande différence » entre Tarantino et lui-même. « Ce que je veux dire, c'est que je fais vraiment partie de la tradition existentielle, de la tradition du XXe siècle. Tarantino, lui, est dans la veine du héros ironique. [...] Dans le monde de l'ironie, tout est entre guillemets. Vous ne tuez pas réellement quelqu'un, vous le "tuez". Peu importe si vous placez un bébé devant une voiture folle puisque c'est juste un "bébé" et juste une "voiture" [214]. »

Et voilà comment nous revenons à Marvin, le jeune dealer noir qui est « accidentellement » tué d'une balle en pleine tête et qui semble s'effacer de notre espace mental. Ella Taylor qualifie Tarantino de maître de la manipulation et, dans ce cas précis, il nous manipule. Mais il illustre aussi notre besoin de « suturer », de cacher n'importe quelle horreur par la narration. Si nous restions avec Marvin, nous aussi serions coincés. Or nous repartons, en nous demandant ce que Jules et Vincent vont faire de ce cadavre dans leur voiture. C'est presque comme si l'amnésie faisait partie de la ligne narrative ; et peut-être sommes-nous tous des petits califes, attendant que Shéhérazade poursuive son conte, en oubliant ce que racontait le conte de la veille...

Mais ça ne s'arrête pas là. L'art de la narration « moderne », de *Don Quichotte* aux *Âmes mortes*, du *Château* à *En attendant Godot*, d'*À bout de souffle* à *Dogville* de Lars von Trier, aborde un engourdissement des émotions, un glissement vers le rêve et l'artefact, comme si les simples lignes blanches de la ville que Lars von Trier a érigée pour nous servaient de prison, ou de carapace, repoussant tout sentiment, nous abandonnant dans un monde halluciné. Et peut-être que le saut dans le postmoderne repose sur la construction d'une telle carapace où l'artefact remplace le rendu de la vie ordinaire.

Dans *V.* de Thomas Pynchon, un des premiers romans postmodernes, Benny Profane, un parfait schizophrène, se sent isolé « dans les allées d'un immense supermarché puissamment éclairé, avec pour seule fonction de vouloir ». Dans le paysage de Pynchon, les statues parlent, alors que les humains sont figés dans une langue qu'ils ne peuvent déchiffrer. Pourtant *V.* porte entièrement sur la langue, sur une structure qui capture et emprisonne, tandis que les personnages de Pynchon permutent, rampent à travers le temps et l'espace. C'est un livre profondément pessimiste. L'histoire est devenue cauchemar, elle est irrationnelle et irréelle ; la seule chose qui subsiste est le jeu. La langue, selon Roland Barthes dans *Le Degré zéro de l'écriture*, a quitté l'histoire pour glisser dans le royaume du rêve et de la menace. Et c'est bien cette menace, ce jeu mortel, qui intéresse les postmodernes, quand la seule croyance qui subsiste est dans le texte. « Des fils linguistiques s'étendent dans toutes les directions pour ligaturer le monde et en faire une seule entité vulgaire et pressée », écrit Donald Barthelme dans sa nouvelle *The Indian Uprising* (la Révolte indienne), où les guerres et les réalités se mêlent et toutes les idéologies n'ont plus aucun sens. « Certains, dit une certaine Miss R., courent vers la suffisance de la sagesse mais je m'agrippe au mot dur, compact comme une noix. »

Tarantino est comme un brillant fourmilier qui a aspiré tous les débris autour de lui et qui nous les recrache violemment, comme l'a fait Donald Barthelme, histoire après histoire. La conversation théologique de Jules – sa propre idéologie – n'est qu'une sorte de jeu linguistique nourri de rebut télévisuel et de traditions locales. Que va-t-il rencontrer en voyageant de pays en pays, comme Caine dans *Kung Fu* ? Il va s'évaporer, avec ses croyances. Même si *Pulp Fiction* « se déroule dans un univers parallèle », comme le suggère Dana Polan, c'est un univers qui est bien trop parallèle, bien trop familier, rempli de malbouffe et de tueurs à gages qui doivent « entrer dans le personnage », jouer leurs rôles, tout comme le narrateur de *The Indian Uprising* qui se bat contre un cataclysme de mots *et* de performances : « Une fois j'ai rattrapé le manteau de Kenneth qui dévalait les escaliers tout seul mais le manteau était piégé et un Comanche à l'intérieur m'a poignardé la jambe avec son affreux petit couteau ce qui m'a projeté contre la balustrade sur laquelle j'ai basculé et je suis passé par une fenêtre et je me suis retrouvé dans une autre situation. »

Les personnages de Tarantino sont toujours en mouvement « vers une autre situation », et un des grands plaisirs que nous offre *Pulp Fiction* est de s'accrocher aux basques d'un personnage et d'aller faire un tour avec lui. Mais cette balade n'a rien à voir avec la plupart des autres films, où l'on s'installe dans une sorte de suspens narratif, comme si l'écran était un simulacre de nos propres vies. Tarantino ne nous permet pas d'oublier que John Travolta est *en train de jouer* Vincent Vega et que Vince peut bien avoir ses particularités à lui – sa boucle d'oreille en or, sa bedaine, ses cheveux longs, son addiction à l'héroïne, sa douce agressivité –, il est également la somme de tous les autres rôles interprétés par Travolta. Toute la carrière de Travolta devient *backstory*[215], le mythe d'une star de cinéma boudée par le public mais qui reste pourtant dans nos mémoires comme Tony Manero, le roi du disco. On attend toujours qu'il perde sa bedaine, enfile un costume en synthétique blanc et fasse son apparition dans le club 2001 Odyssey à Bay Ridge, Brooklyn, où il dansera pour nous sans jamais, jamais plus s'arrêter. Daniel Day-Lewis n'aurait pas pu éveiller en nous une telle attente. Il ne fait pas partie de la cosmologie démente des États-Unis. Il est le merveilleux Hawkeye du *Dernier des Mohicans* (*Last of the Mohicans*, 1992) de Michael Mann, mais Hawkeye ne remplacera jamais Tony Manero – un ange posé sur l'épaule de Vince.

Vincent déambule comme un ours maladroit mais, quand il danse le twist au Jack Rabbit Slim's, nous nous abandonnons au temps du film, nous laissons tomber le fil narratif, l'histoire d'un tueur à gages qui escorte la femme de son boss ; leur vraie danse est peut-être plus proche de la chorégraphie d'Anna Karina traînant les pieds, accompagnée de ses deux copains gangsters qui marchent en équilibre dans *Bande à part*, mais même *cette* référence précise est maintenant oubliée, et nous voilà à nouveau en compagnie de Tony Manero ; nous rions en voyant Travolta, en voyant les signes évidents de son vieillissement mais, et plus important encore, Travolta rit de lui-même, de l'absurdité de la culture du cinéma qui sélectionne ses moments cultes et les grossit démesurément, ces moments qui malgré tout ne cessent de définir qui nous sommes. Les films de Tarantino parlent de la tyrannie de cette culture, de l'emprise qu'elle a sur nous. Comme son public, Tarantino est comme une serre plantée de références à jamais en feu. Et c'est de cet incendie qu'il a fait jaillir ses films.

Le Jack Rabbit Slim's se tient au centre d'une tempête de flammes. Cet endroit incarne bien plus qu'un resto kitsch où les serveuses sont les sosies de Marilyn Monroe. Vincent choisit un Douglas Sirk steak « saignant au possible ». Sirk est la quintessence du réalisateur des années cinquante. *Le Secret magnifique* (*Magnificent Obsession*, 1954) et *Écrit sur du vent* (*Written on the Wind*, 1956) sont des histoires d'amour irrésistibles qui ont marqué leur décennie : elles regorgent de bruit et de fureur… et d'une bonne dose de kitsch. Et le Jack Rabbit Slim's est le sanctuaire de Sirk, des bandes dessinées, du rock'n'roll et des voitures des années cinquante. Comme le dit Vincent à Mia : « J'adore, c'est comme un musée de cire avec un cœur qui bat. »

« Une bonne partie du budget du film a été consacrée à cette scène [216] », a dit Tarantino aux critiques de *Positif*. C'était une extravagance indispensable, comme l'énorme compteur de voiture qui fait office de piste de danse. Le but de Tarantino n'était pas de marquer des points avec cet attirail. Le Jack Rabbit Slim's est une caverne – une caverne pleine de bruit et de fureur –, de celles qu'on trouve toujours dans les films de Tarantino : le hangar de *Reservoir Dogs*, le centre commercial de *Jackie Brown* et la villa des Feuilles bleues de *Kill Bill, volume 1*. Le Jack Rabbit Slim's et la villa des Feuilles bleues ont le même pouvoir que le Rick's Café dans *Casablanca* : un truc clinquant en papier mâché, aussi frauduleux que Hollywood lui-même, mais où tout le monde se rend.

« Quentin n'est pas Jimmy Stewart, dit l'actrice Jennifer Beals. Il a incontestablement une part d'ombre, et il la laisse apparaître seulement quand il en a besoin, comme une espèce de bête qu'il devrait nourrir de temps en temps avant de la faire de nouveau disparaître. C'est ça qui rend ses films magnifiques. C'est là qu'il est génial [217]. »

Et cette « part d'ombre », ce côté obscur niché au cœur du postmodernisme, qu'on le cherche chez Roy Lichtenstein, Donald Barthelme ou Tarantino – c'est une retraite dans quelque pays des merveilles qui reflète notre culture en un coup d'œil halluciné. C'est une fuite hors de l'Histoire et de toutes ses croisades, des massacres de masse du XXe siècle, avec ses propagandes, ses slogans, sa retape très agressive. Si elle aplatit le « réel » et le remplace par des icônes pop, c'est parce que ces icônes nous réconfortent comme l'Histoire ne peut jamais le faire. Les jeunes filles en larmes de Roy Lichtenstein, empruntées aux panels de bandes dessinées de *True Romance*, les militaires à l'héroïsme comique de Barthelme dans *The Indian Uprising* et le Jack Rabbit Slim's – tous trois partagent un sens de la parodie et du jeu féroce, une parodie de nos propres prétentions, de notre sérieux, de notre grandiloquence, de notre empressement à massacrer au nom de la croyance…

Le Jack Rabbit Slim's est le dôme où Tarantino se fait plaisir, où il dispose « du trésor intégral du cinéma dans lequel il peut puiser et sélectionner les pierres précieuses [qu'il aime], les déformer, leur donner une nouvelle forme, rassembler des choses qui n'ont jamais été assemblées auparavant [218] ».

Les films, nous dit Tarantino, sont tous une question d'appropriation, une façon de voler des ombres projetées sur un mur. Il a appris à mettre en scène en regardant d'autres acteurs, en chapardant à « Marlon Brando ou à Michael Caine [219] ». Orson Welles ne s'est-il pas approprié le personnage de William Randolph Hearst pour créer Kane, n'a-t-il pas dérobé les secrets sexuels de Hearst, n'a-t-il pas ridiculisé l'Histoire en fabriquant un film d'actualité sur l'essor et la chute de Kane, n'a-t-il pas ridiculisé les nababs en déconstruisant Kane, en le privant d'une vie normale et en privant Hollywood de la ligne narrative qui lui était si chère ?

Kane n'est pas moins problématique que *Pulp Fiction*, il tient autant du champ de mines que de l'énigme ; les deux films nous entraînent loin dans la nuit, vers un paysage qui se dérobe sous nos pieds ; tous deux sont pleins de cavernes : le Xanadu de Kane est un manoir fait de miroirs où chaque personnage, chaque image se brise en d'infinies répétitions, comme nous nous brisons en voyant notre reflet dans les miroirs infinis d'un film. Quelles que soient leurs différences, Welles et Tarantino sont « des hommes de cinéma » qui nous ont bousculés hors des zones de sécurité habituelles de Hollywood pour nous emmener dans un lieu très intime où eux seuls avaient envie de se rendre.

5

Photographiez-moi comme si j'étais Sharon Stone

Pendant les trois années qui suivent, Tarantino aura le loisir de satisfaire sa fringale de voyages. Il fait d'abord le tour du monde avec *Pulp Fiction*, donnant plus de six cents interviews. « Nous avons montré *Pulp Fiction* en Chine. Le gouvernement l'a autorisé et je n'ai jamais vu de réaction aussi enthousiaste. Quand je suis allé présenter le film, on se serait cru à un concert de rock plutôt qu'à une projection de film. Comme la liberté, un soir de liberté[220]. » Tarantino était une star avant même qu'une seule image de *Pulp Fiction* ne soit montrée à son parterre d'étudiants en cinéma : « Le piratage vidéo est phénoménal en Asie si bien que tous les jeunes avaient vu le film ou en possédaient une copie. Les étudiants en cinéma de l'Académie de Pékin étaient parfaitement au courant de qui j'étais[221]. »

Au bout de ses six cents interviews pourtant, Tarantino décide de s'éloigner de la réalisation, de prendre une année sabbatique. « La vie est trop courte pour enchaîner les films. C'est un peu comme se marier juste pour se marier[222]. » Il ne voulait pas suivre la même voie que Rainer Werner Fassbinder (1945-1982), le plus radical des réalisateurs du nouveau cinéma allemand. « Je me souviens que, quand j'étais plus jeune, je voulais faire comme Fassbinder, quarante-deux films en dix ans[223]. » Mais, dévoré par son propre travail, Fassbinder aspirait à mettre en pièces tout le langage cinématographique, y compris le sien… avec l'aide de la cocaïne. Il laissait ses personnages parler devant une caméra immobile jusqu'à ce qu'ils vous hypnotisent ou vous rendent dingue. Il mourut d'une overdose à trente-six ans, disparaissant dans le paysage morne et désolé de ses propres films.

En fait, le congé de Tarantino allait devenir « la pause la plus active de l'histoire [de Hollywood] ». Il est partout en même temps – sur les plateaux de talk-shows, derrière la caméra, devant la caméra (il fait des apparitions dans une sitcom parodique de *Pulp Fiction* ou dans les films de ses amis). On le voit en Johnny Destiny dans *Destiny Turns on the Radio* de Jack Baran et en passeur de drogue dans *Desperado* de Robert Rodriguez. Il tient essentiellement son propre rôle et semble savourer son ineptie, comme s'il était devenu un personnage de plus de sa ménagerie, un personnage qu'il se plaisait à déconstruire. Selon Alexandre Rockwell, « il adore ce défi : être une figure pop au milieu d'un manège pop [224] ».

La plus périlleuse de ses autoparodies est celle de Chester Rush, un réalisateur mégalomane apparaissant dans *Groom service* (*Four Rooms*, également en 1995), un film à sketches qu'il monte avec trois autres réalisateurs : Rockwell, Rodriguez ainsi qu'Allison Anders, qui était à Sundance avec lui. L'idée couvait depuis *Reservoir Dogs* : quatre jeunes réalisateurs qui pourraient unir leurs talents et présenter leur petit film sur le circuit des festivals. Mais quelque chose avait surgi entre-temps : la renommée de Tarantino. C'était comme « faire un film avec Elvis Presley, se souvient Rockwell. Quand on travaille avec Quentin, on ne peut pas essayer de le juguler. Ça reviendrait à essayer de convaincre un junkie de ne pas vous voler. En fin de compte, on l'écoute juste parler pendant deux heures [225] ».

Mais deux heures de bavardage ne suffiraient pas à sauver *Groom service*. Le film censé se passer le soir du Nouvel An, à l'hôtel du Tout-Hollywood, le Château Marmont, appelé le Mon Signor dans le film. (Christopher Walken y réside quand il est à Hollywood et John Belushi est mort dans un de ses bungalows.) Quatre histoires s'y déroulent, dans quatre chambres, tandis qu'un groom sur le modèle de Jerry Lewis tisse d'une chambre à l'autre le fil ténu d'une narration inconsistante. Tarantino voulait que Steve Buscemi joue le groom, mais celui-ci décline ; il avait dû sentir la bêtise de ce projet. Tarantino embarque alors Tim Roth dans le rôle. Et Roth, qui n'est jamais mauvais, qui apporte une sorte de naturel incompressible à chacune de ses interprétations, qui nous envoûte, nous séduit au point de nous faire croire en lui, est affligeant dans le rôle de Ted, le garçon d'étage. Il n'a rien à quoi se mesurer en dehors de la bêtise de quatre histoires sans queue ni tête.

Roth est obligé d'improviser, de glisser de-ci de-là, de rire quand il n'y a pas de quoi rire tandis que son accent passe des faubourgs de Londres à ceux de Los Angeles ; c'est un épouvantail en uniforme de garçon d'étage, un fantôme gesticulant qui reste impuissant à animer la platitude ambiante. Rockwell et Tarantino l'ont appelé le « cinquième auteur [226] » de *Groom service* mais le « cinquième cadavre » aurait été plus juste. Il folâtre dans la suite *penthouse* avec Chester Rush, qui déblatère sur le manque de reconnaissance dont souffre Jerry Lewis aux États-Unis, et nous avons l'impression d'entrer dans un trou noir : impossible d'écouter plus longtemps ; le film se rétrécit de plus en plus jusqu'à nier son existence. Et pourtant, c'est Chester Rush qui nous restera en tête.

Larissa MacFarquhar affirme que Tarantino « adore le bagage des acteurs, quel qu'il soit », leur « historique », le bosselage particulier de leur existence. Pour lui, Chester Rush « se retrouve à porter mon propre bagage, c'est-à-dire – je ne trouve pas d'autre mot – la célébrité [227] ». Mais le bagage qui pèse sur les épaules de Tarantino est bien plus subversif que cela. Son besoin d'être entendu nous hante, même lorsque l'on cesse d'écouter Chester ;

on dirait un enfant qui, pour vaincre sa peur du noir, se berce au son de sa propre voix…

Il a aussi mené un autre projet avec Robert Rodriguez (outre le lamentable *Une nuit en enfer*) et c'est sans doute ce qu'il a fait de plus intéressant durant son long « congé sabbatique ». Tarantino débarque à Austin, Texas. C'est là que vit Rodriguez et que siège l'Austin Film Society, dirigée par Richard Linklater. Venu y présenter *Pulp Fiction* en 1994, il tombe amoureux de la ville. Il reste alors à traîner avec Linklater et Rodriguez, à boire des bières Shiner Bock ; il avale quantité de pizzas et de chili, nage dans l'étang du coin, passe des nuits blanches et se trouve une « tanière » où aller faire un somme quand il a terminé de visionner des films.

Tarantino s'était mis à collectionner des films dès l'instant où il avait eu de l'argent – d'obscurs films de motards et d'horreur que personne n'avait jamais vus. Il possédait désormais toutes ces fabuleuses copies sans aucun public avec qui les partager. « Ces copies sont comme mes enfants, mes bébés, et je ne peux pas me contenter de les montrer à trois ou quatre personnes dans mon salon [228]. » Du coup, il profite de son séjour à Austin pour demander à Linklater de lui trouver une salle où projeter sa collection privée ; le Quentin Tarantino Filmfest était né. En août 1996, la ville est prise d'assaut. Le festival était conçu au départ comme un week-end détendu, mais Tarantino le prolonge « d'une semaine, puis jusqu'au week-end de la semaine suivante. Ça a fini par prendre des proportions énormes [229] ».

La salle est bourrée d'étudiants (Austin est la capitale d'État et le siège de l'université du Texas) et Tarantino est tout aussi envoûté que son public. « Ce qui me botte, c'est que les gens se pointent sans connaître les films. Ils ne savent même pas ce qu'ils vont voir mais ils sont tout excités. On n'a pas fait une seule mauvaise salle [230]. »

Il lance une « nuit blanche de l'horreur ». Le succès est tel qu'il décide d'en programmer une autre dans la foulée. Tarantino a lui-même l'air d'un étudiant timbré parmi d'autres, et c'est une des raisons pour lesquelles les publics jeunes l'aiment autant, d'Austin à Pékin. C'est un personnage encore en formation, inachevé, avec toutes les peurs, toutes les attentes et les désirs obsessionnels d'un enfant ; ce sont ces « blessures »-là qui façonnent ses deux premiers films, où règnent des personnages au bavardage incessant figés dans une posture enfantine, qui parlent de sexe mais manifestent finalement si peu d'appétit. La peur les caractérise : ils sont coincés dans un royaume où les organes génitaux appartiendraient aux autres, pas à eux-mêmes. Et le sexe, dans les films de Tarantino, est objet de parodie et de jeu, comme une langue perdue.

« Butch ? demande Fabienne dans *Pulp Fiction*. Tu veux bien me lécher ? »

Et Butch de répondre : « Et toi ? Tu me prendras dans ta bouche ? »

Elle hoche la tête : *Oui.* « Mais toi d'abord. »

C'est ce qui s'approche le plus d'une scène de sexe. Avec n'importe quel autre metteur en scène, le « rendez-vous » de Vincent avec la femme de son boss se serait terminé au lit. Mais Tarantino est réfractaire à la romance, même si elle imprègne la scène de danse marathon de Vincent et Mia au Jack Rabbit Slim's. C'est le vide autour duquel il découpe ses personnages, défiant nos attentes. Et s'il y a un côté virginal chez Tarantino, comme le suggère Larissa MacFarquhar, il y a aussi un côté arrogant et brutal (comme chez tout enfant unique), surtout après que *Pulp Fiction* l'a projeté dans un monde où tout le monde le sollicite. « La première [de l'Austin Filmfest] était un peu hystérique, dans le genre : “OK, je suis dans votre ville, maintenant on se calme.” »

Il ne voulait plus être photographié en cinglé de cinéma ou champion de polars, en se pointant un revolver contre la tempe (tel qu'il apparaît sur une des photos de Filmfest). « Non, non, non, je ne vais pas me coucher dans une mare de sang ni me plaquer le visage contre une brique et vous n'allez pas me photographier avec une lame de rasoir dans la bouche ou des épingles plantées dans la figure. Vous allez me photographier comme si j'étais Sharon Stone [231]. »

Il devenait insupportable. Selon Alexandre Rockwell, « il se voyait déjà à l'égal d'Alfred Hitchcock ou d'Orson Welles [232] ». Et en 1997, il remarquait dans le *New York Times* : « Je suis devenu un adjectif plus tôt que je ne le pensais [...]. Un scénario sur trois là-bas est qualifié de "tarantinesque" [233]. »

Mais si Tarantino se pavane, il n'en travaille pas moins à un nouveau film. Le congé sabbatique, qui n'avait rien d'un congé, a pris fin. « Je suis en phase d'écriture », dit-il aux étudiants présents au Filmfest. Il va passer l'essentiel de 1996 et une partie de 1997 à scribouiller un scénario, transformant le roman d'Elmore Leonard *Punch créole* en *Jackie Brown*, transplantant l'action et les diverses crapules de Miami dans le quartier de South Bay, à Los Angeles, auquel il peut apporter son propre ton, sa noirceur particulière. « Je ne voulais pas que ça ressemble à une version Reader's Digest du roman [de Leonard] [234]. » Jackie Burke, l'hôtesse de l'air blanche du roman, femme cassante et pas très fiable, allait devenir Jackie Brown, une hôtesse noire travaillant pour « la petite compagnie aérienne mexicaine de coucous tape-cul la plus merdique qui soit », une femme bien plus large de hanches et bien moins cassante que l'héroïne de Leonard...

Nous discernons une femme de profil, progressant le long d'un tapis roulant ; en fond, un mur carrelé, un mur aux multiples couleurs, bleu pâle, outremer... La femme porte un uniforme bleu.

Si ce n'était le léger sourire sur ses lèvres, on pourrait croire à une silhouette en carton-pâte, une poupée dans un monde de faïence. C'est Pam Grier, l'ex-reine des films *blaxploitation*[235], mais elle n'est pas fétichisée, elle n'est pas mise en valeur pour révéler sa beauté. Alors que le tapis avance, nous entendons la chanson thème de *Meurtres dans la 110e Rue* (*Across 110th Street*, 1972), film de gangsters qui se déroule à Harlem, où un flic blanc et un flic noir (Anthony Quinn et Yaphet Kotto) se dressent contre la mafia, la pègre noire, puis l'un contre l'autre. Le film surfe sur la vague *blaxploitation*, cette mode qui a attiré un jeune public noir (essentiellement masculin) hors des ghettos et jusque dans les cinémas des grandes villes américaines. Dans *Baadassss Cinema* (2002), un documentaire explorant le genre *blaxploitation*, Tarantino évoque sa découverte du phénomène. Gamin, au début des années soixante-dix, il s'aventurait dans le centre de L.A., « qui ressemblait à un Hollywood noir ». Des films *baadassss*[236] étaient projetés dans chaque salle. « J'avais l'impression d'être dans un univers noir. » Un jour, il entre dans un cinéma et est fasciné de constater qu'il n'existe pas de distance entre le public et les personnages à l'écran. Les spectateurs jurent, s'exclament, se moquent des héros comme des méchants, répliquent à l'écran, le possèdent, en font leur chez-eux...

Meurtres dans la 110e Rue essayait d'imiter la *blaxploitation*, de toucher son public, mais le film n'avait pas Richard Roundtree dans le rôle du privé *baadassss* Shaft, ni Pam Grier, héroïne de *Coffy* (1973), *Foxy Brown* (1974) et *Sheba Baby* (1975), qui cachait un rasoir dans sa boule afro et un revolver dans son soutien-gorge. Pam Grier était constamment reluquée par chaque personnage : son corps voluptueux lui tenait lieu de costume préféré, c'est grâce à lui qu'elle pouvait attirer n'importe quelle crapule au lit et le buter, vengeant ainsi un de ses amants perdus. Ces films associaient violence et porno soft ; le jeu des acteurs était atroce ; la caméra roupillait à plein temps sauf lorsqu'il s'agissait de zieuter le corps de la belle ; les dialogues étaient crétins, mais *Foxy Brown* reste malgré tout un film très marrant. Le cinéma *baadassss* avait plus d'énergie et d'esprit, plus de sens du jeu et d'audace que les productions hollywoodiennes constellées de stars. *Foxy Brown* et *Black Caesar* (1973) fascinent Tarantino comme les films de série B des années quarante ont fasciné Godard et lui ont donné le courage de tourner ses films avec les moyens du bord. Et ce clin d'œil de Tarantino à *Meurtres dans la 110ᵉ Rue* offre aussi une sorte de cadre à Pam Grier. Ce clin d'œil évoque Harlem, le personnage de Foxy Brown, tout en démystifiant le cinéma *baadassss*.

On fait la connaissance de Jackie Brown, une icône prise dans une roue de hamster ; plus elle s'active, plus elle paraît rester immobile. Les fans de Tarantino s'attendaient à ce qu'il fasse un autre *Pulp Fiction*, mais lui ne voulait pas revisiter Jack Rabbit Slim's. On dirait qu'il nous propose au contraire une méditation sur l'idée même de lenteur, sans le tour de main de *Pulp Fiction*. Nous sommes obligés de détailler Jackie et le film lui-même sans angles de vue, sans profondeur de champ. Et nous constatons que Tarantino est un constructiviste aux rêves abstraits qui adapte ses personnages à ce qu'il s'est trouvé construire…

Puis, nous quittons ce mur carrelé et son mouvement monotone : Jackie se met à courir. Nous reconnaissons un aéroport. C'est L.A. International. Nous saisissons encore son profil, mais elle n'est plus une figurine en carton ni une icône souriant d'elle-même. Nous pouvons presque sentir sa chair. Jackie est un peu en retard. Elle atteint le comptoir de sa « compagnie aérienne mexicaine de merde », sourit à un client qui reste invisible et lance : « Bienvenue à bord ! »

Jackie pourrait s'adresser à nous. Elle nous invite au voyage particulier du film. Et nous sommes étourdis : en cinq minutes de mouvement lent puis rapide, Tarantino nous a fait traverser le cinéma *baadassss*, a présenté Jackie Brown et nous a préparés à tomber dans quelque terrier de lapin – à sombrer dans les profondeurs d'un film. Mais malheureusement nous ne tombons jamais.

Jackie n'est pas dans la scène suivante et nous regrettons son absence. Nous sommes à Hermosa Beach en compagnie d'Ordell Robbie (Samuel L. Jackson) et de Louis Gara (Robert De Niro), qui vient juste de sortir de cabane, marqué de tatouages de taulard. Il a l'air moribond, comme un homme des cavernes endormi ; on doit faire un effort pour se rappeler que ce même acteur était autrefois agile et élancé, d'une beauté et d'une grâce démoniaques – dans le rôle du jeune Vito Corleone ou de Johnny Boy, qui danse le long des toits dans *Mean Streets*, et de Travis Bickle, le psychopathe aux airs de prince de la Renaissance dans *Taxi Driver*. Là, tandis qu'il écoute Ordell jacasser sur les flingues, il n'est que morose.

Ordell a « un long bouc tressé, si fin qu'il est parfois à peine visible [237] ». C'est tout autant un tueur que le Jules Winnfield de *Pulp Fiction*, mais on aimerait le revoir avec ses *Jheri curls*, prêt à jouer avec nous. Nous sommes coincés là avec Ordell et Louis, en compagnie d'une caméra qui semble n'avoir aucun point de vue, qui ne les protège pas comme elle protégeait Pumpkin et Honey Bunny au début de *Pulp Fiction*. Ces deux personnages sont tout seuls.

Puis la caméra se déplace derrière Ordell pour révéler des jambes : ce sont celles de Melanie, la « petite surfeuse » d'Ordell, incarnée avec une délicieuse arrogance par Bridget Fonda. Au moins, Melanie est vivante : elle essaye de séduire Louis sous le nez d'Ordell. Elle glisse ses orteils (couverts de bagues) à côté de son verre. N'arrête pas de le dévorer des yeux. Mais Louis est « au point mort », pris dans ses propres rêves.

La caméra finit par nous offrir un point de vue : nous observons Louis et Ordell sous l'angle de Melanie – c'est-à-dire du point de vue de ses jambes. Les orteils de Melanie sont comme des petits animaux vivants, qui grimpent vers Louis, cherchent son attention.

« Rasoir, hein ? dit-elle à Louis alors qu'Ordell est au téléphone. Il est pas plus expert en flingues que moi. »

Nous la croyons, mais même les orteils de Melanie ne peuvent sauver cette scène ni relever sa platitude. Tarantino veut que nous « traînions » avec ses personnages. Le film « consiste à apprendre à les connaître, et la façon de les connaître, c'est de traîner avec eux [238] ». C'est « la bonne vieille idée de *Rio Bravo* », où Howard Hawks détourne toute notion d'intrigue linéaire, embarque John Wayne et Dean Martin hors du récit et les laisse s'amuser tout en *prétendant* être dans un western. Une grande part de l'esthétique de Tarantino vient de ce film et de l'idée que la répétition finale de l'acteur a lieu devant son public. Les acteurs et actrices auditionnent ainsi directement à l'écran, exactement comme Travolta « auditionne » lorsqu'il participe au concours de twist. Sauf que nous aimons John Travolta et John Wayne et *voulons* traîner avec eux.

Tarantino appelle *Jackie Brown* un « film à fréquenter », que nous savourerons jusqu'à la fin de notre vie. « Tous les deux ou trois ans, remettez *Jackie Brown*, et vous boirez du vin blanc avec Jackie, vous boirez des vodka-orange avec Ordell et tirerez des bangs avec Melanie et Louis [239]. »

J'en doute. Si on peut sans doute suivre indéfiniment Jackie sur son tapis roulant, on aimerait bien se débarrasser d'Ordell et de Louis aussi vite que possible. Tarantino est piégé par son propre « texte », et la neutralité de la caméra autour d'Ordell et Louis à Hermosa Beach n'est pas la même sorte de *lenteur* qui entoure Jackie, la protège, la nourrit. Adapter Elmore Leonard n'a pas libéré Tarantino, cela l'a poussé dans les limites d'une histoire d'arnaque, l'a harnaché dans la langue de quelqu'un d'autre et de personnages qu'il pouvait enjoliver mais qui ne feraient jamais partie de sa ménagerie – à l'exception de Jackie. Parce que Pam Grier n'appartient à aucun roman : Pam Grier est… Pam Grier, avec tout ce « bagage » que Tarantino aime tant. Le déroulement du récit ne réserve guère de surprises, comme si Tarantino émiettait son propre répertoire, qu'il resservait les mêmes tours de son sac à malice dans un ordre différent. Quand Louis abat Melanie dans un parking parce qu'elle lui casse trop les pieds, la scène n'a pas la force choc de Jules qui descend froidement un des dealers yuppies pendant qu'il parle à l'autre. Mais ce n'est là qu'un péché mineur. Ce qui « abîme » le film, à mon sens, c'est l'exposé détaillé du plan de Jackie pour délester Ordell d'un demi-million de dollars tout en leurrant un agent de la brigade ATF [240] (Michael Keaton). Jackie fait un échange de sacs de shopping dans la cabine d'essayage d'une boutique de luxe de la galerie commerciale Del Amo et, avec l'aide d'un agent de caution [241], Max Cherry (Robert Forster), elle s'envole avec la plus grande partie du magot.

Tarantino est maître dans l'art de sculpter autour d'un événement paroxystique absent – le braquage de *Reservoir Dogs* ou le match de boxe de Butch dans *Pulp Fiction* –, mais ici, nous observons l'échange de sacs de quatre points de vue ; Tarantino pourrait être en train d'écrire son propre *Rashomon* en révélant le manque de fiabilité d'une seule perspective. Sauf qu'il n'y a rien à révéler dans l'échange de sacs, rien à apprendre de la manière dont il a été chorégraphié. Nous avons pénétré dans une zone d'espace mort, où la machine cinématographique tourne en dérision ses propres mouvements en un ballet sans fin, tandis que nous avons déjà bondi au-devant de l'intrigue et laissé tous les personnages derrière nous…

Alors que nous sommes sur le point d'abandonner le film, Jackie Brown retourne sur son tapis roulant. Elle a une telle présence, et la caméra de Tarantino est si entière à son égard, qu'elle sauve le film chaque fois qu'il s'enlise ou que la caméra s'égare loin d'elle. Jackie Brown a bien plus d'envergure que l'histoire dans laquelle elle se trouve. Jackie est *elle-même* le récit, et une bonne part de la magie de Tarantino vient de sa dévotion au personnage de Jackie, de sa capacité à la libérer devant un public afin qu'elle puisse se montrer elle-même au lieu de présenter un masque d'interprète. Tarantino voulait évoquer le souvenir de Foxy Brown sans avoir une bombe noire avec un flingue dans le soutien-gorge, une Amazone déambulant à différents stades de nudité.

À l'image d'une certaine Pam Grier, devenue invisible au cours des vingt dernières années, qui n'avait pas eu de rôle principal dans un seul film depuis son époque *baadassss*, Jackie Brown « a fait son chemin jusqu'au bas de l'échelle [...] elle n'a nulle part où aller [242] ». Et Tarantino *joue* contre sa beauté. Il la fait « séduire sans maquillage, les cheveux détachés [243] » et l'oblige à trouver sa propre « zone de sécurité », où elle peut « être vraiment vivante, être Jackie ». C'est ce qui émerveille dans le film, et non toute la furie superficielle autour du prodige de dollars escamotés.

À cause du roman, Tarantino s'est laissé prendre à suivre une intrigue dont on n'avait rien à faire ; il aurait dû abandonner Elmore Leonard, garder Jackie sur son tapis roulant et continuer sa méditation sur l'art de la lenteur, en héritier de Fassbinder. Quoique cela aurait peut-être été excessif – un film dont chaque image affronte l'amour du mouvement de la caméra. Au lieu de cela, Tarantino nous propose une aventure assez conventionnelle greffée sur une histoire d'amour assez peu conventionnelle où les amants ne se touchent jamais, ne s'embrassent jamais jusqu'aux derniers instants du film.

Robert Forster, en agent de caution, est aussi extraordinaire que Pam Grier. C'est encore un de ces acteurs naufragés que Tarantino a sauvés de l'oubli. Le critique Michael Fleming appelle cet aspect du réseau de redécouverte de Tarantino « donner une seconde [et troisième] chance à des acteurs oubliés depuis longtemps de tout le monde sauf lui [244] ».

Les acteurs oubliés ont inspiré à Tarantino sa remarque la plus sagace, quand il a déclaré à Larissa MacFarquhar : « Le visage de Robert Forster est son passé [245]. » Et c'est vrai. Nous pouvons sentir toute son histoire dans son regard si infiniment triste, alors qu'il observe Jackie Brown esquiver tueurs et flics. Jackie Burke, dans le roman, est une créature bien plus froide et, quand Max Cherry ne s'enfuit pas avec elle, nous savons que c'est par instinct de conservation. Il sait qu'en fin de compte elle le plumerait, qu'elle lui ferait les poches jusqu'au dernier sou. Mais l'offre de Jackie Brown à Max est bien plus séduisante. Elle n'est pas froide. Elle aime sa compagnie, elle voudrait qu'il quitte son boulot minable et partage son butin, mais lui ne le peut pas. L'enthousiasme de Jackie ne ferait que le briser. Il pourrait peut-être se réveiller de parmi les morts, mais pas assez pour avoir une vraie vie sexuelle avec Jackie Brown…

Né et élevé à Rochester, Robert Forster s'est mué un peu par hasard d'athlète universitaire en acteur. Son interprétation la plus *visible* est celle d'un morose cameraman de télévision dans *Objectif vérité* (*Medium Cool*, 1969) de Haskell Wexler, un film documentant la confrontation entre manifestants et police à la convention démocrate de 1968, à Chicago. Forster a l'air en transe pendant le bain de sang, mais son flegme rend les événements qui l'entourent encore plus glaçants, bien plus violents. Il disparaît ensuite au pays du petit écran, joue dans plusieurs séries, dont *Banyon* (1972), où il incarne un privé au visage de marbre dans le Los Angeles de Raymond Chandler (Banyon était comme le petit frère perdu de Philip Marlowe). La série ne dure pas plus d'une saison et pourtant Banyon demeure un des héros d'enfance de Tarantino ; ce visage hanté l'a poursuivi jusqu'à l'âge adulte. Mais ce genre de visage ne fait pas partie du paysage américain et Forster finira par errer d'un film mineur à un autre.

« Ces cinq dernières années, je n'avais pas obtenu un seul contrat à plus du salaire minimum, et encore des trucs débiles du genre de ce qu'on prend quand on doit financer un gosse en fac et une ex-femme », confie Forster à Michael Fleming. « Et puis Quentin arrive et dit : "T'as assez attendu. Maintenant, tu vas retravailler." Je ne peux même pas décrire ce que j'ai ressenti [246]. »

Mais tout le monde ne peut pas être ressuscité. Tarantino constate : « Beaucoup de ces acteurs, quand ils ne sont plus sollicités, évoluent vers la télévision ou les films bas de gamme. Parfois, ça casse un acteur. Mais parfois pas, et ils sont avides de faire autre chose. Et quand on le leur propose, on perçoit cette lumière dans leurs yeux [247]. »

Il envisageait plusieurs acteurs pour le rôle de Max Cherry : Paul Newman, Gene Hackman, John Saxon… et Forster. Puis, un jour, alors qu'il travaillait à *Jackie Brown* dans un restaurant, Robert Forster se trouva assis juste à côté de lui. « C'est Max Cherry, le voilà ! » Et une fois que Tarantino s'était laissé aller à la divination, à l'instar de quelque mage puissant, son choix devenait inévitable : personne d'autre ne pouvait être Max. Forster et Pam Grier avaient retrouvé leur pouvoir d'attraction, mais d'une façon subtile que seul le mage lui-même pouvait prédire. Les cheveux en bataille, dépouillée de tout glamour dans son uniforme pénitentiaire, Pam Grier transcende le mythe du cinéma *baadassss* ; et Max Cherry, dans le rôle de son « amoureux », réussit à occuper ce vide, cette obscurité hurlante où tous les films *sérieux* doivent pénétrer s'ils veulent nous captiver. Max et Jackie forment le couple le plus compliqué de Tarantino. Il ne les enveloppe pas de comédie ni ne les pousse à nous charmer par un riff ; Jackie et Max vivent dans leurs propres silences, dans l'espace entre les phrases qu'ils ne peuvent pas prononcer ; ils sont toujours séparés quand ils sont ensemble, et ensemble quand ils se quittent. C'est le paradoxe de *Jackie Brown*, un film sur l'intimité de la séparation, sur les drôles de façons d'être ensemble dans le cosmos de Tarantino. Ça s'appelle « l'amour au cinéma », où un coup d'œil peut être plus fort qu'un baiser, où le spectateur peut apporter ses propres pastels et colorier le motif de toutes les nuances de complexité et d'attachement souhaitées, comme si nous étions tous de géniaux dessinateurs appliquant les couleurs à l'intérieur de contours déjà suggérés…

6

Don't kill Bill !

Le coût de production de *Jackie Brown* – douze millions de dollars – a été couvert dès la première semaine d'exploitation (le film est sorti à la toute fin de 1997). Il n'emballe pas l'Amérique et ne restera pas longtemps à l'affiche, engrangeant juste un peu moins de quarante millions de dollars en treize semaines. Mais c'est suffisant pour permettre à Tarantino de déclarer son indépendance à l'égard des nababs. Comme Kubrick, il fait figure d'original – un metteur en scène provocant qui surveille la façon dont chaque centime est dépensé. Il voulait faire un film à douze millions de dollars qui *ait l'air* d'un film de vingt millions. « Vous ne pouvez pas perdre. C'est positivement impossible. Et vous n'avez pas à faire de compromis[248]. »

Cette fois-ci, il n'était pas question de congé sabbatique. Tarantino se jette dans l'écriture du scénario d'une épopée de la Seconde Guerre mondiale, *Inglorious Bastards*, destinée à John Travolta. Mais *son* actrice lui manque : depuis *Pulp Fiction*, il rêve de retravailler avec Uma Thurman. Au Jack Rabbit Slim's, Mia Wallace parle à Vincent Vega de ses quinze minutes de célébrité en tant qu'actrice principale d'un pilote de série télé, *Fox Force Five*, dans lequel elle partageait l'affiche avec quatre autres « donzelles futées », toutes agents secrets, chacune « étant une force avec laquelle il faut compter ». La futée jouée par Uma, Raven McCoy, élevée par des artistes de cirque, prenait plaisir à donner la mort avec un couteau. Et, puisque le monde fictif de Tarantino est lui-même un énorme cirque de références croisées, il était logique qu'il parle à Uma d'emprunter les mêmes cinq donzelles pour un autre film, tout comme il avait parlé de réunir Travolta et Michael Madsen dans une *prequel* de *Pulp Fiction*, un film mettant en scène les deux frères Vega, Vincent et Vic (Mr Blonde). Mais les cinq donzelles restent lettre morte et, avec Miramax, Tarantino imagine un autre projet pour Uma : une adaptation de *Modesty Blaise* de Peter O'Donnell.

Bande dessinée maintes fois adaptée en roman, *Modesty* met en scène une ex-reine du crime qui officie désormais auprès des services secrets britanniques ; icône de l'art pop des années soixante (la série de bande dessinée commence en 1963), Modesty est une femme fatale qui semble tout à fait adaptée à l'esprit de la ménagerie de Tarantino, si parfaitement que Vincent Vega « meurt » sur les toilettes en train de lire ses aventures. À six ans, amnésique, Modesty est trouvée errant seule en Grèce ; elle devient bergère, vit quelque temps dans un camp de réfugiés, parvient à valser de sous la coupe d'un bordel local, dirige son propre syndicat du crime bien avant d'avoir vingt ans, et choisit pour nom celui du mentor du magicien Merlin, Blaise…

Tarantino voulait lancer sa propre franchise, réaliser lui-même et faire réaliser par les membres d'un clan Miramax qui compterait Robert Rodriguez différentes versions de *Modesty*, Uma rivalisant avec James Bond dans un film après l'autre. Mais *Fox Force Five* et *Modesty Blaise* allaient se fondre et se métamorphoser en un autre projet : *Kill Bill*, une histoire de vengeance où un membre d'une équipe d'élite de tueuses rompt avec son « meneur », Bill, et s'apprête à épouser un péquenot dans une petite ville du Texas quand Bill apparaît à la répétition du mariage avec le reste de ses DiVAS (Détachement international des Vipères assassines) et massacre tout le monde dans la chapelle, y compris la Mariée (Uma) et son enfant à naître.

Pourtant, comme l'a confié Tarantino à Charlie Rose en 2004, la Mariée mijotait en lui depuis bien plus longtemps. En plein milieu du tournage de *Pulp Fiction,* alors qu'il prenait un verre avec Uma dans un pub de Santa Monica, le Daily Pint, Quentin émit l'idée de réaliser un film de vengeance dans lequel Uma serait « la femme la plus meurtrière du monde ». Et dans un film de vengeance, ajoute-t-il, « on commence toujours par cette personne, allongée par terre », amochée et ensanglantée. Uma renchérit : « Et si on me voyait, mon visage est en sang, et puis travelling arrière et on se rend compte que je suis en robe de mariée ? » Voilà comment est née la Mariée – un petit coup de pouce de Modesty et de Raven McCoy en plus.

Mais Uma devait encore attendre que Tarantino fasse *Jackie Brown* et s'escrime sur son scénario de la Seconde Guerre mondiale ; à force de croiser Uma, qui lui demandait sans cesse où en était *Kill Bill,* Tarantino finit par reprendre les trente pages du projet qu'il avait écrites et se dit qu'« en domptant *Kill Bill*, j'apprendrai comment dompter mon film de guerre ».

« Une fois que je m'y suis mis, je n'ai fait qu'écrire et réécrire pendant une année entière. Si je tombais sur un os, je m'arrêtais juste pour regarder un film d'arts martiaux. Je visionnais au moins un film de Hong Kong par jour, et parfois deux ou trois [...]. Je n'ai absolument aucune idée des films hollywoodiens qui sont sortis au cours de cette année-là », écrit Tarantino dans les notes de production de *Kill Bill.* Il assemble son casting : Uma dans le rôle de la Mariée, Warren Beatty dans celui de Bill, Michael Madsen dans celui du petit frère de Bill, Budd. Il part à Londres recruter Daryl Hannah pour jouer Elle Driver, alias Serpent de Montagne, la DiVA borgne qui succède à la Mariée dans le cœur de Bill. Tarantino se présente dans les coulisses alors que Hannah se produit dans un revival de *Sept Ans de réflexion*, et lui annonce qu'il lui destine le rôle d'Elle. Hannah n'a guère eu besoin d'être persuadée. « Je n'avais jamais joué une méchante absolue, alors j'étais vraiment ravie quand j'ai réalisé quelle salope était cette Elle Driver. » Darryl Hannah avait cependant déjà incarné une « salope » dans *Blade Runner* (1982) de Ridley Scott, où elle interprète Pris, une androïde acrobate qui parvient presque à tuer Harrison Ford en l'étranglant de ses longues, longues jambes. Mais Elle est bien plus menaçante et comique que Pris, programmée pour être à la fois poupée amoureuse et machine à tuer. Là, nous sommes au pays de Tarantino, et Elle énonce ses répliques avec une force monocorde évoquant le comique d'un W.C. Fields.

Si étonnante soit-elle, Hannah est moins une révélation que Lucy Liu dans le rôle d'O-Ren Ishii, la boss métisse de la pègre de Tokyo. O-Ren domine le premier « volume » de *Bill.* C'est le seul personnage qui possède une ligne narrative inflexible ; nous la voyons en enfant de huit ans observer la liquidation de ses parents par un précédent boss du crime ; nous la voyons exercer sa vengeance alors qu'elle est encore une petite fille ; nous sentons la logique de son parcours lorsqu'elle devient tueuse à gages. Dépouillée de sa propre histoire, elle vit dans ce vide où l'histoire peine à exister. C'est un fantôme cinématographique, comme beaucoup d'autres personnages de la ménagerie de Tarantino, mais c'est aussi une enfant, une fillette gracieuse aux rêves meurtriers. Mais rien de tout cela n'aurait d'importance si l'actrice Lucy Liu n'avait « trouvé la clé » d'O-Ren, trouvé son propre chemin jusque dans ce vide. Tarantino avait imaginé quelqu'un de bien plus androgyne, mais Lucy Liu *réimagina* O-Ren. « J'aime l'idée d'être très féminine, ne serait-ce qu'en surface. O-Ren est superficiellement très semblable à une poupée, plutôt qu'à l'image qu'on peut avoir d'une tueuse impitoyable.

C'est une forme de camouflage pour elle. Cela désarçonne ses ennemis. »

Et nous aussi. Nous sommes également pris de cours. O-Ren est aussi drôle, cruelle et perverse que la Reine de Cœur de Lewis Carroll. La Reine parle de couper des têtes, et O-Ren, elle, le fait. Mais ses façons de poupée sont plus qu'un camouflage, plus qu'un masque. C'est la vengeance d'une enfant contre *tous* les adultes. Une vengeance qui apaise O-Ren, qui l'empêche d'imploser – grâce à un langage ritualisé et une berceuse sortis tout droit du néant.

Tarantino a constitué sa distribution. On est au printemps 2001 ; Cannes approche. Harvey aux mains d'argent s'est préparé à annoncer à tout le festival que *Bill* allait entrer en phase de production... quand Tarantino lui fait savoir qu'Uma Thurman est enceinte de son second enfant (elle était à l'époque mariée à l'acteur Ethan Hawke). Le compteur de la production a déjà commencé à tourner : les décors sont construits, l'équipe technique engagée. La villa des Feuilles bleues, un restaurant-club servant de repaire et de quartier général à O-Ren, avait surgi avec ses deux étages monumentaux *à l'intérieur* du Beijing Film Studio, un des plus vastes plateaux de tournage du monde. Warren Beatty suggère alors qu'Uma soit remplacée par Winona Ryder ou Gwyneth Paltrow. Mais il ne s'est pas frotté longtemps à l'obstination de Tarantino. Quentin lui rétorque que *Kill Bill* est son film à la Josef von Sternberg. « Si tu es Josef von Sternberg et que tu te prépares à tourner *Morocco* en 1930 et que Marlene Dietrich tombe enceinte, qu'est-ce que tu fais ? Tu continues et fais le film avec quelqu'un d'autre ? Bien sûr que non. Tu attends Dietrich. »

Beatty lui-même est remplacé par David Carradine, toujours planétairement connu pour son rôle de Caine, un moine renégat parcourant le monde dans *Kung Fu* – une série télé culte des seventies qui avait aussi incité Jules de *Pulp Fiction* (Samuel L. Jackson) à renoncer au meurtre pour parcourir le monde « comme Caine ». Tarantino assurerait plus tard que la grossesse d'Uma tenait presque de l'intervention divine. « Nous avions vraiment besoin de cette marge pour la production. En fin de compte, je pense que le fils d'Uma nous a rendu service. » En tout cas, c'est ce qu'il a écrit dans les notes de production.

Le bébé vient au monde en janvier 2002, et Uma arrive au centre d'entraînement de *Kill Bill* (un hangar de Culver City) le 2 mars. Les acteurs prennent des cours de japonais et apprennent le maniement du sabre de Sonny Chiba en personne, l'idole de Tarantino, héros de la série japonaise *Shadow Warriors*, où il interprète l'assassin « prêcheur » Hattori Hanzo.

En mai, tous les acteurs et l'équipe technique fondent sur Pékin comme une petite armée. Les studios de cinéma avaient été construits par Mao en 1949 pour assurer la propagande. Ce qui plaisait à Tarantino, c'était l'isolement total du complexe. « C'est un village complet tenu par des gens dont le boulot est exclusivement de faire des films. »

Huit semaines sont nécessaires pour tourner les vingt minutes de combat de la villa des Feuilles bleues, à peine deux semaines de moins que pour tourner l'ensemble de *Pulp Fiction*. Mais la scène finale, un combat au sabre entre la Mariée et O-Ren dans le jardin des Neiges vaut bien cette peine : il s'y déploie une beauté et une précision mathématique encore jamais vues, en tout cas chez Tarantino. La Mariée scalpe O-Ren d'un coup de sa fabuleuse épée et nous pleurons cette reine enfantine de la pègre comme aucune autre DiVA. O-Ren a troublé notre psyché, O-Ren a déchiré le voile cinématographique et pénétré de plain-pied dans le rêve du film. Et c'est comme si sa mort nous volait notre propre enfance, cet âge où l'on a dû faire l'expérience du vide.

Quand Harvey aux mains d'argent débarque en personne en Chine et visionne la première moitié de *Kill Bill* et le combat paroxystique du jardin des Neiges, Tarantino et lui comprennent qu'ils ont une espèce de monstre sur les bras. « C'est une fin magnifique ! s'exclame Harvey. Alors voilà, c'est dit ! Ce sera deux films. »

Scène d'ouverture : nous sommes dans le noir, nous écoutons la respiration difficile de quelqu'un. Le visage ensanglanté d'Uma apparaît sur la gauche de l'écran, icône en noir et blanc – simultanément beau et horrifiant. L'icône nous subjugue et, l'espace d'un instant, nous sommes transportés hors du monde du cinéma en Technicolor. Uma pourrait être une femme Christ au supplice et nous ne pouvons rester neutres. Nous sommes totalement absorbés par sa douleur.

Ce Christ n'a pas besoin de croix ; elle est couchée par terre. Le claquement d'énormes bottes entrecoupe le son de sa respiration. Une main apparaît, comme une serre bienveillante, pressant un mouchoir blanc portant le monogramme « Bill ». Uma a d'abord un mouvement de recul, comme si elle allait être attaquée. Bill essuie le sang, s'excuse presque. Son bracelet en argent semble assorti au visage argenté d'Uma. Elle ne doit pas le considérer comme un sadique, dit-il. « Non, ma petite, là, c'est mon côté le plus masochiste que tu vois. »

Nous l'entendons mettre une balle dans un chargeur.

« Bill, dit-elle, c'est ton bébé. »

Un coup de revolver part ; du sang gicle du côté de son visage, éclabousse le sol… et sa robe.

Nous retournons dans l'obscurité, le générique du film se déroulant en lettres blanches sur un fond noir, tandis que Nancy Sinatra chante « (Bang Bang) My Baby Shot Me Down ». Et cette chanson sur la trahison, sur l'amour perdu, l'amour abattu nous provoque en même temps qu'elle sert d'accompagnement à cette courte et brutale balade autour du visage sanglant d'Uma. Le noir de l'écran se transforme en une silhouette : c'est Uma de profil, Uma allongée, les contours de son visage se découpant comme une ligne de falaises…

La scène suivante est catastrophique. C'est le premier chapitre du film, intitulé « 2 », entouré d'un cercle, comme s'il faisait partie d'une liste qu'on n'a pas vue. Le noir et blanc a disparu ; nous sommes dans un pays aux couleurs pastel. Uma se gare devant un cottage idéal de Pasadena aux allures de maison de poupée. Elle arrive dans un pick-up jaune, habillée en jean et veste de cuir. Nous avons perdu toute l'iconographie précédente de la femme Christ. La pelouse de la maison de poupée est couverte de jouets. Uma presse la sonnette de son long doigt anguleux. Vivica A. Fox ouvre la porte. Elles commencent à se battre. Tarantino essaye de s'expliquer dans les notes de production. Dans le monde de *Kill Bill*, dit-il, « les femmes ne sont pas le sexe faible. Elles ont exactement les mêmes instincts prédateurs et chasseurs que les hommes, le même désir qui les pousse à tuer ou être tuées ».

J'ai tout de même eu du mal à m'empêcher de rire en regardant les deux Amazones batailler avec une poêle et un couteau de cuisine. Ce sont toutes les deux d'ex-Vipères anciennement à la botte de Bill. À présent femme au foyer de Pasadena sous le nom de Jeanie Bell, Vivica était autrefois Vernita Green, alias Copperhead, alors qu'Uma elle-même était Black Mamba. Vernita a maintenant une enfant de quatre ans, Nikki, qui interrompt les Amazones quand elle rentre de l'école et aperçoit les cristaux géants de verre brisé et autres traces de bagarre à travers la maison. Nikki est expédiée dans sa chambre. Les deux Amazones prennent le café dans la cuisine et leur dialogue semble sorti tout droit de *Fox Force Five*, le pilote télévisé raté de Mia Wallace dans *Pulp Fiction*.

« Je sais que je t'ai fait mal. Vraiment mal. Je souhaiterais le contraire mais je t'ai vraiment amochée... », dit Vernita, la seule Vipère noire de Bill, qui a le sentiment que c'est *elle* qui aurait dû s'appeler Black Mamba... et elle essaye d'abattre l'usurpatrice avec un flingue caché dans une boîte de céréales. Mais elle rate sa cible, et Black Mamba lance un couteau de chasse en plein milieu de la poitrine de Vernita, exactement comme l'aurait fait Raven McCoy, l'assassin lanceuse de couteaux de *Fox Force Five.*

Nikki entre dans la cuisine et voit sa mère morte allongée par terre.

Et l'on croirait entendre John Wayne lorsque Black Mamba dit : « Quand tu seras grande, si ça te fait encore mal, je t'attendrai. »

Tarantino a même parlé d'une suite de *Kill Bill* où, une quinzaine d'années plus tard, Nikki, devenue ninja, affronterait Black Mamba. Mais, suite ou pas, on ne sait pas trop comment réagir à la confrontation entre Black Mamba et la petite fille, si on doit rire, pleurer ou laisser échapper un ricanement nerveux. Il est impossible de déceler les intentions de Tarantino ou le ton de cette scène. La mort de Vernita est hors chronologie. Elle est la deuxième sur la liste des cibles de Black Mamba (d'où le « 2 » du titre de chapitre). A.O. Scott, critique de cinéma au *New York Times*, y voit « peut-être un hommage ironique à une vénérable convention hollywoodienne : le personnage noir est le premier à mourir [249] ».

Même si elle est totalement ironique, une gifle à Hollywood, la scène semble malgré tout bancale, comme si le sens de la forme de Tarantino l'avait momentanément abandonné ; et ses dialogues, souvent si drôles et pervers lorsqu'ils lacèrent tous nos précieux artefacts, apparaissent comme une bricole de plus à mettre au rancart.

« Le châtiment d'abord – le verdict ensuite », dit la Reine de Cœur, qui pourrait régner sur le monde de *Kill Bill.* « Les réponses d'abord, les questions ensuite[250] », aime dire Tarantino de ses propres films. « Pas de flash-back, juste des chapitres. Mais en Amérique, les films doivent être linéaires : si on commence une scène au début d'une course, on doit la finir à la fin de la course. » Et Tarantino, lui, veut nous laisser tomber en plein milieu. Black Mamba se défendant avec une poêle à frire constitue peut-être un brutal changement de registre par rapport à l'icône déchue au visage maculé de sang, mais cette brutalité n'est pas forte – elle est juste stupide. Elle nous entraîne un peu trop tôt dans un monde de bande dessinée, noyé dans les couleurs bonbon et le bavardage sentimental.

Toutefois, le film se reprend juste après que Black Mamba s'éloigne dans son pick-up sur lequel est inscrit « Baisodrome », qu'elle a volé à un agent de service de l'hôpital qui l'a utilisée comme objet sexuel pendant son coma. Le chapitre 2 (« La Mariée était en sang ») nous ramène dans la chapelle campagnarde du mariage, où Black Mamba a reçu de Bill une balle dans la tête, et continue la chronologie. Cette fois, il n'y a plus de joli cottage de magazine, seulement des *tumbleweeds*, ces herbes du désert roulées par le vent. Michael Parks, un autre acteur sauvé de l'oubli par Tarantino, joue le shérif local avec un brio obtus et démoniaque. La caméra saisit des détails avec un œil d'artiste : depuis la rangée de lunettes de soleil alignée sur le tableau de bord jusqu'aux flics et aux cadavres dans la chapelle, comme un champ de fleurs entourant Black Mamba, au milieu, étendue par terre avec son ventre proéminent… et du sang sur sa robe de mariée. Parks est un Charlie Chan texan avec son propre « Fils n° 1 » en guise d'assistant. Il surnomme Black Mamba « la Mariée ». Le shérif a un ton et une voix spécifiques que Vernita Green n'avait pas. Il contemple le carnage de derrière ses lunettes de soleil et dit : « C'est l'œuvre d'une main sûre et ferme, pas celle d'un amateur besogneux. […] Si tu étais taré, tu pourrais presque admirer. » La Mariée devient à nouveau une icône sous le regard du shérif, teintée de vert par la magie de ses lunettes de soleil.

Il retire ses lunettes et le visage de la Mariée est maintenant éclairé par son sang.

« Un ange maculé de sang », dit-il juste avant que la Mariée tousse (et lui crache) du sang dans l'œil. Le shérif cligne des yeux. « Fils n° 1, cette putain de mangeuse de bite n'est pas morte. » Et nous sommes de retour au pays de Tarantino, où l'absurde se mélange au macabre, où les dialogues chantent, où la mort et la mutilation ont leur propre esthétique somptueuse.

Puis nous passons dans une salle d'hôpital, où la Mariée est allongée dans le coma, le visage éclairé comme une icône bleutée. Elle Driver entre, portant un uniforme d'infirmière, son bandeau sur l'œil marqué d'une croix rouge. Elle s'apprête à « délivrer » la Mariée avec une dose de poison quand son portable sonne. C'est Bill. Il lui donne l'ordre d'abandonner la mission. Il ne veut pas faire tuer Black Mamba pendant qu'elle est comateuse. « On a fait des tas de choses à cette femme et, si jamais elle se réveille, on lui en fera bien plus. »

Alors qu'une scène de ménage s'ensuit au téléphone, la caméra cligne et enchaîne sur une image de la main de Bill, caressant la crosse noire d'un sabre de samouraï. Cette main est l'instrument le plus menaçant du film : elle caresse et tue, caresse et tue. Et Bill, en Fu Manchu américain, est expert à déjouer nos défenses et à nous endormir de sa voix désincarnée…

Quatre années passent. La Mariée est toujours allongée dans le coma. Un moustique atterrit sur sa peau et suce son sang. Elle se réveille en sursaut… comme la Mariée de Frankenstein. Elle tapote la plaque en métal sur son crâne, tâte les cicatrices sur son ventre, se désole d'avoir, croit-elle, perdu son bébé. Mais elle ne peut pas se permettre de pleurer. Un des agents de service a profité de son coma pour louer son corps. Et dans une scène qui nous rappelle l'échoppe de prêt sur gages et les deux brutes sodomites de *Pulp Fiction*, la Mariée se débarrasse de l'agent hospitalier puis du salopard qui a payé pour la baiser. Elle redevient une tueuse.

La Mariée part pour Okinawa, persuade Hattori Hanzo (Sonny Chiba), le dernier des grands forgeurs de sabres de samouraï, de sortir de sa retraite le temps de lui fabriquer une arme avec laquelle elle pourra tuer Bill, un de ses anciens élèves. Après l'avoir confectionnée, Hattori réalise que c'est son « plus beau sabre ». Il dit à la Mariée : « Si, au cours de votre chemin, vous rencontriez Dieu, il serait taillé en pièces. »

Black Mamba repart avec son sabre pour Tokyo et la villa des Feuilles bleues, défie O-Ren et « sa puissante bande, les Crazy 88 », ampute le bras de son avocate et meilleure amie, Sophie Fatale (Julie Dreyfus), se bat en duel avec Gogo Yubari (Chiaki Kuriyama), la garde du corps adolescente d'O-Ren, et doit utiliser son Hattori Hanzo contre toute la troupe des « 88 », des hommes de main portant un costume noir comme les Reservoir Dogs et le même masque noir que Bruce Lee dans *Le Frelon vert*[251].

Ce long, très long combat est la partie la plus problématique du film. A.O. Scott le compare à « un morceau de bravoure de comédie musicale », ce que Tarantino voulait qu'il soit. Mais c'est aussi une figuration de l'excès qui se rapproche davantage du burlesque des Keystone Kops de Mack Sennett que de la technique de sabre des samouraïs. Le grabuge n'en finit pas, comme c'était le cas avec les Kops, dont les manœuvres devenaient de plus en plus compliquées, aspirant de plus en plus de gens dans la tourmente, jusqu'à ce que « toute une ville, une civilisation entière[252] », se trouve impliquée dans le massacre. Bien sûr, les Kops utilisaient des matraques en coton et leurs pires volées ne laissaient même pas une bosse, alors que Tarantino couvre la villa des Feuilles bleues de « membres coupés et de troncs convulsés[253] ». Pourtant, nous ne sommes pas saisis d'horreur comme lorsque Mr Blonde arrache l'oreille de Marvin dans *Reservoir Dogs*. Il y a un goût du jeu dans les combats de sabre et nous savons qu'il n'arrivera pas de mal à la Mariée, même si Gogo la coupe presque en deux avec sa boule de fer barbelée.

La villa des Feuilles bleues est une des cavernes de Tarantino, comme le Jack Rabbit Slim's, une caverne où nous venons nous affranchir un moment des routines du quotidien, et un lieu où Tarantino ancre son cinéma. C'est une autre sorte de musée de cire, au pouls emballé… ou une usine à cartoons, à l'instar des *Looney Tunes*, réplique de Warner Bros à Donald Duck et Mickey Mouse de Disney – des dessins animés bien plus anarchiques que l'animalerie de Disney, où les têtes et membres coupés pouvaient cavaler à travers le paysage, poursuivis par Bugs Bunny ou Daffy Duck.

La Mariée donne la fessée à l'un des « 88 », un garçon chétif et apeuré. « Voilà ce qui arrive quand on déconne avec les yakuzas. Retourne chez ta mère ! » Et elle reprend le carnage, débitant à tour de bras d'autres têtes et d'autres membres.

Enfin, il y a le combat dans la neige, qui sort du domaine des *Looney Tunes* ou du bazar comique des batailles précédentes. O-Ren est « empruntée » au film de samouraïs japonais à grand spectacle *Shurayukihime* (*Lady Snowblood*, 1973), dont l'héroïne est une femme en kimono blanc qui venge la mort de sa famille ; O-Ren aussi est vêtue d'un kimono blanc à la villa des Feuilles bleues, elle aussi venge la mort de sa mère et de son père ; mais, contrairement à lady Snowblood, elle les a regardés mourir. Et si son combat avec Black Mamba n'a rien de « bédéique », elle est pourtant née d'un dessin animé. Nous faisons la connaissance d'O-Ren dans l'animation de huit minutes de Tarantino, qui constitue le morceau le plus excitant et original de *Kill Bill* – un manga vu à travers les yeux d'un fou de cinéma. O-Ren se cache sous un lit pendant que son père affronte les sicaires de Boss Matsimoto ; ce petit dessin animé est bien plus sanglant que le reste du film – il dégouline d'une pluie rouge –, et bien plus intime. Nous sommes sous le lit avec O-Ren, nous respirons le carnage, qui est beaucoup moins ritualisé que celui de la villa des Feuilles bleues. O-Ren est restée cette fillette de huit ans, gelée dans un rêve de sang.

Après avoir blessé Black Mamba dans la neige, elle a une moue d'enfant ravie et dit avec un sourire mauvais : « Pauvre petite oie blanche qui aime jouer avec des sabres de samouraï. » O-Ren n'est pas une Amazone ordinaire ; c'est une furie venue du néant.

Le moment le plus terrifiant du film suit immédiatement l'animation. Nous avons vu O-Ren grandir et devenir une des meilleures femmes assassins de Bill (il l'aidera à devenir la reine du crime de Tokyo) ; mais ici, O-Ren et les autres Vipères attaquent Black Mamba à l'intérieur de la chapelle ; elles forment un cercle et la cognent chacune à son tour, la Mariée est projetée de coup en coup, et son voile ondule autour d'elle alors qu'O-Ren lui assène le coup de grâce, un coup de pied qui la fait s'écrouler par terre. C'est ainsi que nous la découvrons au début de *Kill Bill*, la figure maculée de sang…

À présent, Black Mamba est dans le jardin des Neiges, vêtue d'une combinaison jaune comme celle que Bruce Lee portait dans son dernier film, *Le Jeu de la mort* (sorti longtemps après sa mort et faisant de lui le fantôme d'un fantôme sur nos écrans). Toutefois, la Mariée est bien moins fantomatique que Bruce Lee. Et son combat au sabre avec O-Ren, toute la séquence du jardin est investie d'un sens du détail lyrique qu'on a rarement vu chez Tarantino. Il n'y a rien d'approximatif dans ce jardin, aucune gargouille en arrière-plan pour nous harceler ou nous forcer à rire, pas un seul grognement de yakuza démembré. O-Ren et la Mariée combattent sur une musique de flamenco ; Tarantino affirme que c'est ce qui l'a inspiré. Il avait le morceau de flamenco « avant d'écrire la scène », dit-il dans les notes de production. « C'est la musique qui m'aide à trouver le rythme du film, la pulsation qui rythmera le déroulement du film. »

Mais un autre bruit domine la scène, un bruit presque aussi silencieux que la neige elle-même, ou plutôt qui *trouble* le silence de la neige ; et il est noyé, chassé par la musique de flamenco. Nous l'entendons pour la première fois quand la Mariée pénètre dans le jardin ; c'est un choc sourd difficile à définir. Nous ne voyons pas d'où il vient ; nous entendons ce son toutes les quinze secondes environ, jusqu'au début du combat, puis il disparaît... et revient après qu'O-Ren est blessée. Tout à coup, nous apercevons un curieux instrument, une sorte de fausse petite fontaine qu'aucun de nous n'aurait remarquée à moins d'être déjà allé dans un jardin japonais traditionnel. C'est un *shishi-odoshi* ou « chasse-cerf » – c'est-à-dire un épouvantail dont la résonance rythmique est destinée à éloigner les animaux de la forêt. Le « chasse-cerf » est visuellement frappant avec sa louche en bambou qui se remplit doucement d'eau puis bascule, heurte une pierre et rebondit.

La louche apparaît trois fois pendant le duel, comme une annonce de la déconfiture d'O-Ren, sonnant le glas de sa fin tragique. Elle agit aussi comme une borne à la droite du cadre, un sémaphore magique qui nous ensorcelle de son mouvement inhabituel. Elle nous entraîne hors du paysage de la bande dessinée – des batailles cartoonesques, des escadrons de la mort, des yakuzas masqués – vers une beauté à l'image de l'aspiration de la langue elle-même à exprimer, comme si Tarantino reconnaissait l'espace d'un instant qu'il y avait quelque chose hors de sa portée...

Sa méditation ne dure pas. Nous retournons à l'intrigue. La Mariée fait rouler Sophie Fatale et son unique bras au bas d'une colline, jusqu'aux urgences d'un hôpital, en guise de message pour Bill. C'est la raison pour laquelle Sophie est encore vivante : pour raconter le carnage de la villa des Feuilles bleues. La Mariée est en route pour tuer Bill…

Puis vient une autre icône : Sophie Fatale, son visage bleuté comme dans une sinistre bande dessinée. Nous voyons la main de Bill et une perfusion, tous deux également bleus. Sophie semble être à l'hôpital. Bill l'apaise de sa voix désincarnée : « Sophie, Sophie, ma Sophie […]. Mon cœur saigne de voir ce qu'elle a fait à ma belle et brillante Sophie. » Il la caresse de sa main droite, de la même serre qui avait essuyé le sang du visage de Black Mamba… quelques instants avant qu'elle ne reçoive une balle dans la tête. Nous ne savons pas comment nous situer par rapport à cette main, qui peut être tendre et pleine de ruse. C'est tout ce que nous verrons de Bill dans *Kill Bill, volume 1*. Il contrôle les événements de loin, ordonnant à Elle de ne pas tuer la Mariée pendant qu'elle est encore dans le coma. Mais la Mariée est incontrôlable, déchaînée, elle se livre au carnage, et la vraie force du *Volume 1* est que Bill reste toujours en arrière-plan, un marionnettiste uniquement présent à travers sa main en forme de serre, ses bottes et sa voix de baryton…

Kill Bill, volume 2 est une autre histoire. Fu Manchu se transforme en amant éconduit, et les arts martiaux en comédie domestique. Selon Tarantino, « David [Carradine] domine le *Volume 2* ». Il apparaît dès la première scène, faisant son entrée avec une flûte. Il attend Black Mamba devant la chapelle nuptiale. Tarantino nous fait revivre les événements précédant immédiatement le « massacre de Two Pines ».

« Je vous le dis, cette scène, elle chante. L'équipe de tournage était toute retournée rien qu'en regardant, témoigne Carradine dans les notes de production. Quentin est venu vers moi et m'a dit : “Je crois que c'est la meilleure scène du film pour toi.” Et j'ai répondu : “Je crois que c'est la meilleure scène de ma carrière.” »

Et c'est aussi la scène qui sabote presque toute l'entreprise. Tarantino aime considérer les différentes influences sur *Kill Bill*. « Si ma vie avait deux faces, il y aurait les Shaw Brothers [et leurs films d'arts martiaux made in Hong Kong] d'un côté et les westerns italiens de l'autre. » Pourtant, la scène qui se déroule sous le porche de la chapelle a moins à voir avec Sergio Leone ou les directeurs de films d'action de Hong Kong qu'avec Douglas Sirk – du *mauvais* Douglas Sirk, à la limite du ridicule et du mélodrame pure guimauve. Dans *Kill Bill*, Tarantino inverse son principe esthétique « les questions d'abord, les réponses ensuite ». Il prétend que le *Volume 1* pose les questions et le *Volume 2* donne les réponses. Or les réponses sont déjà *à l'intérieur* des questions, comme il devrait bien le savoir. Et tout à coup, le professeur devient son pire élève. La brève apparition de Bill à Two Pines aurait dû tomber parmi les chutes de la salle de montage. En essayant d'*humaniser* la tuerie, Tarantino en affaiblit la portée.

Bill est venu tuer la Mariée de son baiser très spécial.

« Tu vas être sage ? demande-t-elle.

– Je n'ai jamais été sage de ma vie mais je vais faire de mon mieux pour être gentil. »

Mais il n'y a aucune passion dans cette scène et rien ne passe vraiment entre eux. Selon Tarantino, « Bill est un maquereau. C'est un proxénète dans tous les sens du terme, sauf qu'il fait commerce de mort, de meurtre et d'assassinat et non de sexe ». Mais nous avons besoin de *quelque chose* de sexuel sous le porche de la chapelle de Two Pines pour sentir la rage jalouse de Bill… et tout ce qui nous est donné est une élocution impassible et un visage impassible. Carradine était meilleur en arrière-plan. Il fait un formidable Fu Manchu et trimballe toujours un fardeau de sérieux dénué de sens de l'humour, à l'image de Caine dans *Kung Fu.*

Tarantino avait écrit les répliques de Bill avec la voix et les intonations de Samuel L. Jackson en tête, bien qu'il ait su que Jackson ne jouerait jamais le rôle. C'est dommage. Jackson aurait pu interpréter Bill, ou bien John Travolta ou Christopher Walken, mais idéalement, le rôle aurait dû aller à Warren Beatty. Beatty aurait fait un parfait Bill – un maquereau sur le retour dont le regard aurait su révéler beaucoup, beaucoup plus. Beatty aurait « joué » avec Black Mamba, l'aurait taquinée, tout en prononçant les mêmes répliques. Pourtant, malgré tout son charme, je crois qu'il n'aurait pas sauvé cette scène. C'est du remplissage – du déchet – et non un élément de *backstory*. Si l'idée originale de Tarantino était de mettre en scène « un assassin qui essaye de quitter le métier », alors c'est ce métier qui aurait dû figurer en *backstory*.

« Il n'y a pas de bons dans un film de Tarantino, commente David Carradine. Il n'est question que de sales types [et filles]. L'essence d'un film de Tarantino consiste à aller voir à l'intérieur de l'esprit et du cœur de gens violents. » Et nous sommes remplis de curiosité pour ces salopards et la vie de Black Mamba quand elle était une DiVA. Le moment le plus drôle du film est un flash-back : Beatrix Kiddo (le vrai nom de la Mariée) essaye de dire à Bill pourquoi elle s'est enfuie loin de lui et des Vipères assassines : elle est dans une chambre d'hôtel de L.A., en mission pour tuer une certaine Lisa Wong. Mais elle s'est sentie mal avant d'embarquer dans l'avion. Et nous la voyons effectuer un test de grossesse en quatre-vingt-dix secondes ; une languette trempée de son urine vire au bleu. « Putain », dit-elle. On sonne à la porte. Lisa Wong a envoyé sa propre tueuse, Karen Kim, qui troue la porte d'une rafale d'arme automatique ; Beatrix fait un salto arrière et atterrit derrière son lit, revolver en main. Les deux femmes se tiennent en joue mutuellement. « À cette distance, je suis une putain de chirurgienne avec ce flingue », dit la tueuse.

Et Beatrix : « Tu sais quoi, salope ? Je suis meilleure qu'Annie du Far West et je te vise. » Beatrix affirme qu'elle a découvert qu'elle était enceinte à l'instant où Karen a défoncé la porte. La tueuse ne la croit pas. « Je suis la femme la plus mortelle du monde, dit Beatrix, mais là, je tremble de peur pour mon bébé. Je t'en prie, regarde le test ! »

Karen s'accroupit tout en maintenant Beatrix en joue et examine la languette bleue. « J'y comprends rien. » Elle commence à lire la notice ; une trêve est déclarée. Beatrix promet de ne plus s'attaquer à Lisa Wong. La dernière image de la scène est celle du visage de Karen dans le halo que son fusil a laissé dans la porte. « Félicitations ! » lance-t-elle.

Ce flash-back est absurde et insensé, comme un merveilleux *comic strip*, à la fois drôle et touchant. La bande dessinée est la clé de *Kill Bill* ; cet univers rythme sa narration, nourrit sa thématique. Le film semble avancer de case en case alors qu'il médite sur la notion de super-héros, que ce soit sous forme effectivement dessinée révélant les origines sanglantes d'O-Ren ou lorsque la Mariée se délivre toute seule de sa tombe comme la plus coriace des super-héroïnes.

Au cas où les exploits de la Mariée n'auraient pas été suffisamment clairs, Bill nous fait un discours sur « la mythologie entourant les super-héros », comme s'il instruisait une classe d'initiation à la sociologie et que nous nous retrouvions ses élèves involontaires. « Comme tu le sais, dit-il à la Mariée, je suis passionné de BD » – mais en réalité il s'adresse à nous. Superman, dit-il, n'est pas une grande BD mais « sa mythologie est unique », surtout la relation entre le héros et son alter ego. Peter Parker endosse un costume pour devenir Spiderman, mais « quand Superman se réveille le matin, il est Superman ». Clark Kent est le camouflage qu'il adopte pour se fondre parmi nous. « Clark Kent est la critique par Superman de l'humanité tout entière. Clark Kent est l'image que Superman a de nous » – des binoclards sans tripes. Et Bill de comparer la Mariée, Beatrix Kiddo, à Superman portant le costume de Clark Kent.

« Tu me traites de super-héros ? demande-t-elle.

– Je te traite de tueuse. »

Une tueuse qui tente de se déguiser en abeille ouvrière employée dans un magasin de disques d'occasion de Two Pines. Avec pour costume un voile de mariée. « Tu n'es pas une abeille ouvrière. Tu es une abeille tueuse rebelle. »

Tout le riff sur Superman est grotesque. Tarantino paraît avoir perdu son humour sauvage, il pontifie, essaye d'être pris au sérieux et il n'y a personne sur le plateau – ni Harvey aux mains d'argent, ni Lawrence Bender, ni Beatrix Kiddo – pour lui dire qu'il raconte des âneries.

Les inconditionnels de Tarantino apprécieront peut-être cette « humanisation » de Bill, son petit sermon, son apparition avec B.B., la fille de quatre ans que Beatrix croyait morte dans son ventre. Bill, alias Charmeur de Serpents, un tueur et éleveur d'abeilles tueuses, porte tout à coup l'habit du bon père dans son hacienda-tanière mexicaine. Il confectionne un sandwich pour B.B., en découpe la croûte, lui dit qu'il a été méchant avec « maman », qu'il est devenu malheureux après lui avoir tiré une balle dans la tête.

Tarantino a l'air de croire que nous allons avaler la légende de Bill réagissant comme un « mari » abandonné, tellement amoureux de Beatrix Kiddo qu'il en a perdu son sang-froid. Les autres personnages masculins du film appuient ce conte. Le frère de Bill, Budd (Michael Madsen), dit à Elle : « Je n'ai jamais vu quelqu'un bluffer Bill comme elle [Beatrix] l'a bluffé. » Il vient d'enterrer Beatrix vivante en lui lâchant : « Ça t'apprendra à briser le cœur de [m]on frère. »

Bill est un orphelin qui n'a jamais connu son père. Il a été élevé dans un bordel mexicain par Esteban, un maquereau de quatre-vingts ans (Michael Parks) qui dit à Beatrix qu'il a emmené Bill tout petit voir *Le facteur sonne toujours deux fois* (1946), avec John Garfield dans le rôle du héros sans cervelle et Lana Turner en grande méchante blonde qui le détruit. Dès que Lana apparaissait à l'écran, Bill ne pouvait s'empêcher de sucer son pouce « de façon presque obscène ». « Je savais que ce garçon avait un faible pour les blondes », dit Esteban en regardant Beatrix, une blonde de plus. Esteban fait valoir que lui n'aurait pas tiré une balle dans la tête de Beatrix. Il lui aurait juste balafré le visage… et l'aurait renvoyée dans son harem.

Uma aussi souffre de cette fibre d'humanité accordée à Bill. Son défi en tant qu'actrice était, si l'on en croit les notes de production, de trouver « l'humain à l'intérieur de cette épopée surréelle, démente ». Mais c'est justement cette humanité qui tue *Kill Bill*, qui ralentit le film, l'alourdit, dégonfle son énergie macabre. Devons-nous vraiment regarder le chemin de croix de Budd, ses souffrances de videur d'un « bar à nichons », de DiVA déchu réduit à nettoyer les chiottes ?

Le *Volume 2* est insupportable jusqu'à ce que Budd décoche une double charge de gros sel dans la poitrine de Beatrix et l'enterre avec une lampe de poche pour qu'elle n'ait pas à mourir dans le noir. À présent, on commence à s'amuser. Budd propose à Elle Driver de lui vendre le sabre Hattori Hanzo de la Mariée pour un million de dollars. Elle apporte la somme dans la caravane de Budd, avec un mamba noir caché dans le sac de billets, un mamba qui le mord au visage ; et, tandis qu'il se tord par terre, elle lui lit un petit traité trouvé sur Internet sur les effets du venin du mamba.

Black Mamba défonce la porte – un serpent humain qui a réussi à s'extirper de sa tombe grâce à un truc de son maître Pai Mei, le moine aux sourcils blancs. « Je voulais que ce soit le crêpage de chignon le plus cinégénique de tous les temps », dit Tarantino, et c'est réussi. On croirait la Mariée en train de se battre en duel avec son propre double démoniaque… un double sorti de Superman.

Malgré tout son prêchi-prêcha et son amour des BD, Bill n'évoque même pas jusqu'au bout la mythologie de Superman. L'Homme d'Acier a son propre double – une imitation de Superman appelé Bizarro, la Chose d'Acier, aux cheveux emmêlés, à la peau cireuse et à l'élocution monocorde d'une Reine de Cœur fâchée avec la grammaire. Avec sa sombre compagne, Bizarro-Lois, il règne sur Htrae, « la planète la plus étrange et dingue de l'univers… le monde carré de Bizarro[254] ».

Cette planète en forme de boîte est envahie de doubles spectraux de Superman, Superboy et Lois Lane. Pour se distinguer des autres malheureux Supermen, Bizarro porte un médaillon qui établit son identité de « Bizarro n° 1 ». Mais il est condamné à tout faire cul par-dessus tête. « Le monde Bizarro est une version détraquée du monde terrestre[255] », où non veut dire oui, mauvais veut dire bon, laid est mieux que beau, et ennuyeux est le plus grand compliment que puisse faire Superman.

Le créateur de Bizarro, Lex Luthor, est un scientifique renégat et l'ennemi juré de Superman ; c'est aussi un cruel plaisantin, ayant fabriqué Bizarro *ex nihilo*, comme tout créateur se doit de le faire. Et Tarantino est lui-même une sorte de Lex Luthor, construisant dans *Kill Bill* un monde insensé en résonance avec le nôtre, qui nous affecte d'autant plus qu'il est plus monstrueux – par exemple, lorsque la reine du crime de Tokyo se tient debout sur la table de son conseil et annonce aux chefs de la pègre d'une voix douce de geisha qu'« aucun sujet ne sera jamais tabou », tout en ajoutant que ceux qui ne feront que suggérer ses origines mélangées en payeront le prix : « Je collectionnerai vos putain de têtes ! »

Tarantino a maîtrisé la conception d'un monde de sauvagerie qui rend hommage à toutes les formes de films – film noir, western spaghetti, comédie musicale, comédie romantique, *blaxploitation*, aventure samouraï, animation, kung-fu grand spectacle – les avalant tout rond et nous les recrachant d'une manière que nous n'avions jamais vue auparavant. Le système de trucage du chorégraphe Yuen Woo-ping n'est pas aussi spectaculaire que dans *Tigre et dragon* (2000), où les combattantes volent le long des toits, catapultées le long de filins ensuite « gommés » de l'image. La villa des Feuilles bleues regorge aussi d'artifices mais nous bénéficions surtout de la chorégraphie de Yuen Woo-ping vue dans l'optique de Quentin Tarantino – plus drôle, plus grotesque. Sa cruauté a souvent une vibration de tendresse et s'avère bien plus intime que lorsque ses adultes essayent de parler comme des adultes, par exemple dans « Le dernier chapitre : face à face », avec Bill, Beatrix et B.B. au milieu. Quand les adultes de Tarantino ne gémissent ou ne crient pas comme des nouveau-nés, ils ont peu à dire et, s'ils parlent, se mettent à pontifier sur Superman. Leur affection – la tendresse – n'apparaît qu'après une bagarre. Bill et Beatrix ont un court duel, en position assise, et elle lui applique un roulement de coups secs sur la poitrine. C'est un coup mortel, la « technique du cœur explosé par la paume à cinq points » que lui a apprise Pai Mei – le coup le plus mortel des arts martiaux, comme Bill lui-même l'avait expliqué à Beatrix. Le maître « te frappe du bout des doigts en cinq points précis de ton corps puis te laisse repartir. Cinq pas plus loin, ton cœur explose dans ta poitrine ».

Beatrix était la meilleure élève de Pai Mei, et non Bill, à qui Pai Mei n'a jamais révélé ce mystère. Une fois touché à la poitrine, Bill se met à saigner. Beatrix lui prend la main. C'est un peu comme s'ils faisaient l'amour. Il fait ses cinq pas et s'écroule, mort.

Et c'est là tout le problème du film. Dans un monde Bizarro, la technique du cœur explosé par la paume à cinq points n'aurait pas tué Bill. Bill aurait survécu… si seulement Tarantino était resté fidèle à sa déraison. Ou peut-être est-ce que le parcours acrobatique de *Pulp Fiction* me manque et que je le préfère à une fusillade au Mexique prévisible à des kilomètres de distance.

Note : On découvre un jeu de références et d'échos infini à mesure que Tarantino – une Alice adulte – nous emmène à travers le miroir. À commencer par « Beatrix ». Le nom est trop inhabituel pour ne pas renvoyer à Beatrix Potter, l'auteur des livres de Peter Rabbit. Les lapins abondent en Tarantinie. Après que Beatrix, alias la Mariée, a tué Gogo dans le *Volume 1*, O-Ren apparaît debout au balcon de la villa des Feuilles bleues alors que sa garde accourt. Elle sourit à Beatrix, qui pensait que son combat suivant serait avec O-Ren. « Vilain petit lapin », dit-elle. Beatrix continue le slogan publicitaire : « Les Trix sont pour… » et O-Ren finit, en chœur : «… les gamins », comme si elles étaient coconspiratrices dans un monde où les enfants sont rois. Elles récitent alors la formule totémique de Trix, une marque de céréales faite de maïs soufflé, « au goût naturel de fruit ». Dans les pubs télévisées, le lapin Trix – grand et blanc avec d'énormes oreilles tombantes – essaye de chiper les boules de céréales fruitées. Et deux gamins, un garçon et une fille, les gardiens des Trix, attrapent le lapin avant qu'il n'atteigne le bol. « Vilain lapin, les Trix, c'est pour les gamins. » Tarantino, un fou de céréales, a dû grandir avec le lapin Trix, qui est « né » en 1960, trois ans avant Tarantino lui-même…

Épilogue

Le Bandit des anchois

Imaginez un gamin de cinq ans. Probablement assis dans le noir à regarder des images flotter le long d'un mur blanc. S'il est issu de quelque cambrousse comme le Bronx ou une des villes côtières à proximité de L.A., ces images lui feront bouillir le sang, lui sembleront plus concrètes que sa propre peau. Ce ne serait peut-être pas aussi vital pour une fille, qui aurait eu sa propre collection de poupées et ne se serait pas aventurée dans l'anomie d'un cinéma (certainement pas si elle était du Bronx), mais pour un garçon comme moi, les films faisaient toute la différence.

Le cinéma m'a appris à embrasser, à tenir un couteau et une fourchette, à parler comme Cary Grant, à mourir droit dans mes bottes, comme Errol Flynn jouant à être un certain Custer. La mort d'Errol Flynn aux mains des Sioux était insupportable mais, au moins, il avait à la main son sabre et son pistolet à six coups, sans oublier son bugle juste derrière lui. En revanche, comment n'importe quel enfant, garçon ou fille, pouvait-il se remettre de l'assassinat de la maman de Bambi par un monstre nommé « Il » ?

Même à cinq ans, on ne me la faisait pas. « Il » représentait ces adultes qui piétinaient la végétation, compromettaient l'abondance magique de la forêt, faisaient des orphelins de faons et de petits lapins et auraient volontiers chassé les petits humains du cinéma. Aucun adulte n'était digne de confiance, sauf le vieux prince qui avait engendré Bambi, mais celui-ci ne comptait pas puisque les animaux n'étaient guère plus forts que des enfants. Il y avait donc une étrange complicité entre les animaux de la forêt et nous – non seulement avec Bambi et Féline, mais Dumbo et Donald... et Popeye, car les personnages de cartoons étaient aussi comme des gosses au sein de la ménagerie des « toons » – merveilleux et monstrueux car ils parlaient et s'habillaient comme des grands sans jamais accéder au vrai statut d'adulte.

Comment pouvions-nous savoir qu'assis dans nos fauteuils de cinéma, nous nous retrouvions devant l'accoutrement de notre culture patriarcale, une culture qui nous maintenait dans l'enfance, qui se méfiait de tout ce qui était féminin ou instinctif, qui aurait continué à tuer la mère de Bambi jusqu'à la fin des temps ? Bien sûr, les « adultes » sur notre mur blanc – Errol Flynn et Veronica Lake – avaient les colères et le tempérament des enfants, leur profond narcissisme aussi, eux qui convoitent le regard de millions de spectateurs et changent de rôle avec autant de caprices que de chapeaux.

Et puis, bientôt, nous avons découvert les bandes dessinées – des compléments à ce que nous voyions à l'écran. Les *comics* m'ont appris à lire mieux que n'importe quel livre de lecture de CP sans cases ni bulles remplies de formules magiques comme *Holy Moley !* ou *Shazam !*[256]. Les livres de lecture n'avaient pas de Captain Marvel, qui m'était bien plus cher que Superman. Marvel n'était pas une armoire à glace. C'était un gamin appelé Billy Batson, qui aurait pu sortir de Westchester ou d'un quelconque quartier du Bronx. Billy avait sa belle panoplie de petit chimiste et son émetteur radio pour l'aider à combattre le Dr Sivana, un mauvais génie aux allures de pruneau desséché avec de grandes oreilles et des lunettes à double foyer – un visage qui m'a hanté pendant soixante ans.

Évidemment, un gamin avec une panoplie de chimiste n'était guère au niveau du Dr Sivana et d'un rayon pulvérisateur qui pouvait déchirer la peau et réduire banquiers et boutiquiers à un grain de poussière. Il devait en appeler à son « autre forme », Captain Marvel, une version plus forte, idéalisée de lui-même – c'est-à-dire un garçon s'affichant en adulte, s'imaginant les pouvoirs dont peut disposer un adulte. Captain Marvel ressemblait à une érection magique de Billy déclenchée grâce au mot « Shazam ! ». Et le « mortel le plus puissant du monde » s'en allait dans son vaisseau spatial affronter le « scientifique le plus fou du monde »... la prune desséchée se mettait à trembler.

« Aie pitié d'un faible vieillard ! »

Bien sûr, ce n'était qu'une ruse. Sivana enfonçait un gadget dans la bouche de Marvel qui lui faisait prononcer « Shazam ! » et le réduisait à nouveau en petit Billy Batson. Mais peu importait car Sivana lui-même était un enfant. Marvel, lui et Billy étaient tous dans le même bateau – des gosses, espiègles ou non, qui ne deviendraient jamais banquiers ou boutiquiers, qui ne céderaient jamais aux masques et manigances des adultes...

Je ne pense pas tyranniser Tarantino en surimposant les images de ma propre enfance à son univers car je me demande s'il n'a pas traversé beaucoup de ces mêmes rituels. En disséquant *Kill Bill*, A.O. Scott remarque que Tarantino « s'immerge et plonge ses personnages et son public dans un monde hautement artificiel, un univers du miroir qui ne reflète rien au-delà de ses propres obsessions cinématographiques » – et ses obsessions « bédéiques » puisque Tarantino s'est formé autant à travers les bandes dessinées que les films. « En plus de cinéma, je suis aussi dingue de BD », déclare-t-il à Michel Ciment et Hubert Niogret de *Positif*. Cependant, sa propre lecture de *Kill Bill* est quelque peu schématique.

« J'ai souvent dit qu'il y a deux mondes différents dans lesquels se déroulent mes films, confie-t-il dans les notes de production du film. L'un d'eux est "l'univers de Quentin" de *Pulp Fiction* et *Jackie Brown* – un monde exagéré mais plus ou moins réaliste. Et l'autre est le monde du cinéma. Quand les personnages de l'univers de Quentin vont au cinéma, tout ce qu'ils voient se passe dans le monde du cinéma. Ils sont comme une fenêtre sur ce monde. *Kill Bill* est le premier film que j'ai fait qui se passe dans le monde du cinéma. C'est moi en train d'imaginer ce qui se passerait si ce monde existait vraiment et si je pouvais emmener une équipe de tournage là-bas et faire un film de Quentin Tarantino sur ces personnages. »

Cela paraît plausible mais ce n'est pas vrai. L'écart n'est pas si grand entre *Pulp Fiction* et *Kill Bill*. Chacun des quatre films de Tarantino a une dynamique similaire, une motivation semblable. Chacun est un regard d'enfant posé sur un monde d'adultes, avec des obsessions d'enfant. *Reservoir Dogs* demeure captivant non pas parce que c'est un film de gangsters, mais parce que les gangsters de Tarantino sont plus des gnomes qu'autre chose. Ils nous aboient dessus, ils mordent. Parfois, ils en viennent à tuer mais, la plupart du temps, ils ne font que nous casser les oreilles avec leurs braillements, comme Beatrix et Lisa Wong (la tueuse envoyée pour la liquider) se hurlent dessus en se tenant en joue de leurs armes meurtrières. Et quand Beatrix anéantit les Crazy 88 à la villa des Feuilles bleues, nous ne pleurons même pas sur leur mort ou leurs membres amputés tant ils semblent être des créatures de quelque conte de fées.

Les films de Tarantino – chacun d'eux – parlent de monstres plus ou moins attendrissants. C'est là son monde du cinéma. « Peu de chose est plus triste que ce qui est vraiment monstrueux », écrit Nathanaël West dans *Le Jour du fléau*, un roman sur des gargouilles et gnomes d'Hollywood. Mais les gnomes de West sont aussi drôles que tristes, de même que ceux de Tarantino. Le capitaine Koons avec son histoire scatologique sur la montre voyageuse ; O-Ren et sa voix de chaton se muant en un flot d'obscénités ; Mr Blonde et la valse démente de son rasoir ; Jackie Brown sur son tapis roulant, comme une étrange icône des seventies, monstre mythologique du cinéma ; Pumpkin et Honey Bunny, des gremlins se roucoulant des tendresses pendant leur hold-up d'un restaurant ; et même Bill, le Fu Manchu philosophe, passionné de BD – ce sont tous des personnages sortis du livre d'enfant infini de Tarantino, des monstres patentés, vivant dans un monde à l'envers, placés dans le récit pour ravir, terrifier et captiver.

John Travolta nous met en garde contre les dangers de ce monde inversé. Après avoir dansé le twist avec Uma Thurman au Jack Rabbit Slim's, envahi par la « faune » des années cinquante, il fait un cauchemar. « J'ai rêvé qu'on avait fini le tournage au Jack Rabbit Slim's et que tout le monde était rentré à la maison sauf moi et que je restais là tout seul en compagnie des autres icônes [257]. »

C'est le rêve d'abandon d'un enfant, d'être perdu parmi les icônes, lui-même devenu une icône. Le décor de Tarantino est traître, plein de pièges, comme un paysage issu du cerveau d'une sorcière.

Bambi lui a brisé le cœur ; c'était un des premiers films qu'il voyait, avec *Ce plaisir qu'on dit charnel* (1971), le film de Mike Nichols sur un couple de Peter Pan prisonniers de leurs fantasmes juvéniles. Tarantino lui-même paraît coincé entre *Bambi* et *Ce plaisir qu'on dit charnel*. Il a dû se précipiter hors de la salle au moment où la mère de Bambi était tuée ; cela l'a marqué en tant que spectateur et a pétrifié sa sensibilité de façon cruciale. Il n'a cessé depuis de porter le deuil, pleurant la maman de Bambi pendant qu'il faisait ses films ; et sa mission a consisté à transformer la « mère » en une sorte de déesse capable de se ramener à la vie, comme Beatrix Kiddo, qui se relève d'un coma et ne peut renoncer à son carnage qu'après les retrouvailles avec son enfant perdue. En fait, les films de Tarantino parlent d'enfants désorientés, d'enfants sans parents, bloqués dans leur développement et qui semblent incapables de fonder leur propre famille.

Et s'il leur arrive d'en fonder une, grâce à quelque intervention miraculeuse ou coup de baguette magique, ils demeurent tout aussi orphelins – et tout aussi virginaux. Le moment le plus virginal de toute l'œuvre de Tarantino est le combat final entre Bill et la Mariée. Ils ne se comportent pas du tout en anciens amants ni en amoureux. Certains analystes freudiens pourront lire cette scène comme une confrontation entre Tarantino (déguisé en femme combattante) et son propre père perdu. Ce n'est pas mon avis. Leur duel avorté peut être interprété comme un baiser. Ce sont tous les deux des enfants violents essayant de se montrer civilisés devant leur enfant, B.B., qui est déjà une petit actrice complètement distanciée de l'étrange lutte de ses parents. J'ai l'impression qu'elle aurait pu partir avec le jardinier, continué ses jeux et charades, pendant que maman et papa agonisaient dans l'hacienda…

Les enfants sont les seuls vrais séducteurs de la ménagerie de Tarantino. Ils ont d'énormes yeux, comme B.B., alors que les adultes de Tarantino sont des enfants rabougris qui ne savent plus comment séduire. Ses femmes sont des Amazones que la compagnie des hommes indiffère et ses hommes sont en manque d'amour, semblables à des moines meurtriers… ou à des Peter Pan blessés.

Si vous regardez Tarantino à la télé, en conversation avec la star de films d'arts martiaux Jet Li, il fait l'effet d'un géant fripé, avec tous les enthousiasmes d'un gamin – une sorte de Huckleberry Finn Bizarro, un conteur d'histoires à dormir debout mais dépourvu de la profonde compassion de Huck (sauf pour les malfaiteurs). Le *London Telegraph* soutient qu'il a « l'air consternant d'un minable gosse blanc qui veut être noir [258] ». Je préfère ne pas entrer dans la controverse relative au nombre de fois où il utilise le mot « nègre » dans *Reservoir Dogs*, *Pulp Fiction* ou *Jackie Brown*. Une chose est sûre : il n'est pas Peter Pan grimé en Noir. Il imite les Blancs aussi bien que les Noirs. Il est affligé de sa propre forme d'écholalie. Baignant dans divers idiolectes, il joue avec la *musique* du parler gangster blanc et noir, comme un enfant qui ferait des pâtés dans le sable mouillé.

Son tout premier scénario, *Captain Peachfuzz and the Anchovy Bandit* (*Capitaine Cognepêche et le Bandit des anchois*), écrit à l'âge de quatorze ans, mettait en scène un homme qui braque des pizzerias, et ce Bandit des anchois aurait pu être Tarantino lui-même, un gamin adepte de l'indiscipline. Son sujet n'a d'ailleurs pas beaucoup varié – tous ses scénarios ultérieurs ont traité de criminels et de leurs crimes.

Tarantino paraît obsédé par les assassins, mais *ses* assassins font la moue et pontifient, comme Peter Pan. Ce sont des enfants à la fibre cruelle – meurtriers et drôles – qui se vengent de « l'empire du mal » des adultes. Cette optique étroite a toujours été sa force. Selon le réalisateur Bill Lustig, « ses films ont une pulsation cardiaque dans un monde hollywoodien qui fait des films sans âme ». Tarantino fait des films personnels et excentriques, rudes et sauvages, souvent décousus, tout comme Scorsese et Godard ont été à une époque rudes et décousus.

Mr Blonde, Vincent, Jules, Bill et la Mariée sont les descendants de Travis Bickle, le sociopathe presque mutique aux yeux tristes du *Taxi Driver* de Scorsese. Travis est un monstre attachant qui n'a jamais appris à hurler, un Frankenstein qui regarde dans un miroir et y voit un visage sans aménité ; les monstres de Tarantino, en revanche, se hurlent les uns sur les autres et adorent ce qu'ils voient dans le miroir – un enfant regardant un autre enfant. Mais ils sont si éloignés de leurs sentiments qu'ils peuvent à peine reconnaître leur propre souffrance... sauf s'ils se prennent une balle dans la tête. Ce sont des monomaniaques embarqués dans leur quête singulière, que ce soit Jules aspirant à sa « conversion religieuse », ou la Mariée cherchant vengeance. Leur animus et leur énergie semblent tout droit sortis d'une BD, où le décor, constamment aplati, se prête à la monomanie.

Cette énergie créatrice de désordre que Tarantino révéla à l'école, celle qui l'empêchait de rester assis dès les petites classes, lui sert bien à l'écran ; nous sentons cette force hypercinétique dans chaque plan, comme si nous nous trouvions à l'intérieur d'une case de BD remplie des points d'exclamation d'un enfant. C'est la signature même de Tarantino, un besoin – presque une folie – de susciter le plaisir instant après instant.

Il veut produire un film qui vous saute à la figure... et y reste. Toutefois, cette hyperactivité ne marche pas quand il joue au lieu de diriger, et nous fatigue au bout d'une ou deux minutes. Sa meilleure prestation est celle de *Pulp Fiction*, dans le rôle de Jimmie de Toluca Lake, parce qu'il bénéficie de la présence de John Travolta, Samuel L. Jackson et Harvey Keitel pour le garder sur orbite. Il portait alors son propre peignoir, qui agissait comme un totem – un jouet qui l'apaisait, le calmait. « J'ai mangé. J'ai bu. Je me suis masturbé dans ce peignoir [259]. » Mais sans cette étrange « électricité » en lui, cette terrible avidité de se mêler à ses acteurs, de jouer avec eux, de faire partie de leur ménagerie, il n'aurait peut-être pas été en mesure de donner à ses acteurs le courage de se brancher sur le même fil électrique, comme l'a fait Pam Grier, en déchirant l'icône de Foxy Brown pour révéler la terreur et la solitude qui l'habitaient.

« J'ai la possibilité d'être à la fois acteur et réalisateur. En tant qu'acteur-auteur, je peux jouer tous les personnages [260] » – que ce soit Bill ou Jackie Brown. « Vous avez entendu parler du jeu d'acteur de la méthode. Eh bien, je suis un auteur adepte de la méthode. Je deviens le personnage que j'écris... Je suis tout le monde [261]. » Il a été Ordell pendant une année entière, tandis qu'il écrivait *Jackie Brown*. « J'ai eu vraiment du mal à laisser partir Ordell et permettre à Sam [Jackson] de l'interpréter sans faire d'histoires. Sam a été Ordell pendant dix semaines. Moi, pendant quarante-deux [262]. »

Et parfois, c'est vraiment douloureux. « Si je n'ai pas joué dans *Jackie Brown*, croyez-moi, ce n'est pas l'envie qui m'en manquait, j'en avais une dermatite aiguë ! Ça m'a démangé pendant tout le film ! Quand je dirigeais Robert De Niro, je mourais d'envie de lui donner la réplique [...] le muscle du comédien me faisait mal – ce muscle hurlait [263]. »

C'est cette réaction épidermique qui est si proche de la bande dessinée et de son charme particulier, où les personnages se bagarrent et hurlent dans une mer de points d'exclamation puis disparaissent à la case suivante. C'est un monde d'enfant arraché au cerveau d'un homme qui boit des Yoo-hoo et collectionne des figurines de John Travolta, qui déclare avec toute l'arrogance d'un imbécile à son premier rendez-vous amoureux que, lorsqu'il est sérieusement attiré par une fille, il lui montre *Rio Bravo* « et elle a intérêt à aimer [264] ». Mais il a aussi gardé une lucidité et une dévotion d'enfant, comme si chaque scène qu'il tournait, avec toute sa furie et son désir d'époustoufler, était conçue pour camoufler cette première mort qu'il a rencontrée à l'écran – celle de la maman de Bambi –, une blessure qui restera inscrite chez nous tous, gosses du ciné, pour le restant de nos jours...

Quel chemin prendra le Bandit des anchois ? Il a écrit et réalisé le dernier épisode de deux heures de la saison 2004-2005 de la série *CSI : Crime Scene Investigation* (*Les Experts*). La contribution particulière du Bandit des anchois montre un curieux parallèle avec la scène de Beatrix enterrée vivante dans *Kill Bill* ; dans l'épilogue de *CSI*, un enquêteur de laboratoire criminel est enterré dans un cercueil de verre, mais lui n'a pas suivi l'enseignement de Pei Mai et ce sont ses collègues qui le tirent de là. Ce n'est guère surprenant puisqu'ils ont leur magie à eux ; comme Tarantino, ils adorent Roy Rogers et Trigger[265], et sont passionnés de jeux de société. Aux yeux de Tarantino, « Trigger est l'Uma Thurman des chevaux[266] ».

Le Bandit s'est aussi immiscé sur le plateau de *Sin City* de Frank Miller et Robert Rodriguez (adapté des personnages de BD de Frank Miller) pour réaliser une scène dans laquelle un mort se met à parler malgré la hachette enfoncée dans son crâne. Je ne suis pas le seul à avoir remarqué une ressemblance entre *Sin City* et *Kill Bill*, entre les monstres hyperactifs de Rodriguez et ceux de Tarantino – des fantômes en mouvement, fusant à travers le temps et l'espace.

Dans son article, « La route irréelle de Toontown à "Sin City" », A.O. Scott souligne à quel point le film de Rodriguez est « un piratage conscient et ostentatoire ». C'est un symptôme de « l'influence mondiale de Quentin Tarantino, dont le génie de réalisateur réside dans sa capacité à retrouver, ranimer et recombiner des genres moribonds et à moitié obscurs ». Le Bandit hocherait probablement la tête en accord avec A.O. Scott, lui qui se voit comme un illustre pilleur de tombes, rongeant les os de films oubliés. « Je vole des éléments dans chaque film jamais réalisé. J'adore ça. [...] Je vole dans tout ce que je vois. Les grands artistes ne rendent pas hommage, ils *volent*[267] », déclare-t-il à une conférence de presse à Cannes après avoir été accusé d'avoir calqué *Reservoir Dogs* sur *City on Fire* (1987) de Ringo Lam.

Il faut lui pardonner ce ton arrogant de Michel-Ange de bazar – le Bandit était furieux. Il avait « emprunté » l'idée générale de l'histoire à Ringo Lam : un flic infiltré au milieu d'un gang de voleurs qui cambriolent une bijouterie de Hong Kong ; le film se termine sur la même impasse meurtrière et le même anéantissement mutuel des voleurs. Mais, dans *City on Fire*, il n'y a pas de Mr Blonde, en tout cas pas de danse démente, pas de dialogue burlesque ni de jeu avec le temps. Tarantino a pu chiper un plan particulier : la façon dont Chow Yun-fat décharge une paire de revolvers sur les flics est semblable à l'exercice de tir de Mr White et Mr Pink sur les flics qui les poursuivent à l'extérieur de la bijouterie invisible. Et il n'y a pas non plus de riffs dans *City on Fire*, pas de rupture du récit comme lorsque Mr Orange raconte son histoire dans l'histoire sur le sac d'herbe dans des toilettes remplies de flics.

Effectivement, Tarantino « retrouve, ranime et recombine », mais il accomplit aussi quelque chose de plus conséquent. Non seulement, comme un cannibale diabolique, il transforme une forme cinématographique moribonde en un monstre vivant, mais il nous présente des monstres que nous n'avions jamais rencontrés auparavant. Et il révèle l'ossature des bandes dessinées à travers chacun de ses plans…

Les *comic strips* sont aussi vieux que le cinéma lui-même, voire plus anciens ; les premiers *strips* américains ont vu le jour alors que les immigrants d'Europe de l'Est commençaient à affluer à Chicago, Cleveland et New York, à la fin du XIXe siècle ; les journaux se livraient bataille à coups de suppléments du dimanche pour retenir l'attention des « blancs-becs » immigrants et autres illettrés grâce aux *funnies* qui mettaient en scène des gamins à l'anglais approximatif, comme les Katzenjammer Kids ou le Yellow Kid, dont la chemise de nuit était à la fois un tableau d'affichage et une bulle ; ces premiers *strips* parlaient tous d'enfants rebelles à un lectorat que les journaux eux-mêmes traitaient en enfants.

Les bandes dessinées qui sont nées de ces *strips* et ont commencé à prospérer dans les années quarante avec un plein panier de héros – Superman, Batman, Plastic Man, Wonder Woman, Sheena, Captain Marvel, etc. – étaient souvent créées par les enfants d'immigrants imaginant une Amérique de femmes et d'hommes prodigieux, de mortels « immortels », qui n'étaient que des versions fantasmées d'eux-mêmes en guerriers à l'aune d'une nouvelle bataille…

La bande dessinée était bien plus audacieuse que toute autre forme d'art ; en insistant sur une féroce simplification, un monde où les enfants faisaient la loi, sans grande complication mais avec la capacité de béguin absolu d'un garçon pour une certaine fille (quelque Sheena sortie de la jungle pour nous briser le cœur), ces inventeurs de BD, ces explorateurs, travaillant en équipe ou seuls, pénétraient des champs imaginaires où des adultes plus sophistiqués n'auraient pas pris la peine d'aller ; c'était un monde sans zones grises, sans ambiguïté, où les renégats espéraient prendre le pouvoir – que ce soient des vieillards comme le Dr Sivana, ou de jeunes mauvais génies comme Lex Luthor, ou des cerveaux clownesques comme le Joker, ou encore d'agiles comploteurs comme Catwoman.

La bande dessinée recelait une vérité cachée : les dieux du mal étaient bien plus intelligents et frappants que les dieux du bien, et nous prêtions plus attention à ces super-méchants qu'aux superhéros eux-mêmes. La guerre entre le bien et le mal ne connaîtrait jamais de fin, sinon Batman serait au chômage. Il y avait quelque chose de glorieusement statique dans les efforts du héros. Les BD évitaient la « rondeur » et la « profondeur » que nous exigions des autres arts. C'étaient des missiles meurtriers qui sabotaient notre culture compliquée – qui mettaient l'accent sur l'étroit, le mauvais, le mesquin.

Le postmodernisme est né dans les cases d'une BD, où le décor peut changer à tout moment, où rien n'est ni rationnel ni sûr, et où le super-héros agit en automate masqué, plus monstrueux que les monstres qu'il doit poursuivre. Si la bande dessinée est attachée aux surfaces et décors changeants, c'est parce qu'elle se méfie de la notion de centre – elle fait écho à la mise en question par l'enfant des causes et croyances acceptées. Elle se régale d'une intrigue bondissant de case en case, de pur amusement plutôt que de sens.

A.O. Scott peut dire à juste titre de *Sin City* (le film et la bande dessinée) qu'il « offre de la sensation sans sentiment, de la mort sans deuil, du péché sans culpabilité et, finalement, de la nouveauté sans surprise. Quelque chose manque – quelque chose d'humain ». Et il peut, avec une certaine stupéfaction, établir une liste de sévices infligés dans *Kill Bill, volume 1* : « On y trouve des coups de feu, des coups de couteau, des tabassages, des décapitations, des éventrations, des amputations, des mutilations, des énucléations, des hachages, tranchages, morsures et fessées. Sans oublier les grossièretés. »

Mais au-delà des tabassages et décapitations, Tarantino sculpte une argile incandescente qui lui est propre ; ses films sont plus sombres, plus drôles et plus structurés que n'importe quelle réalisation de Robert Rodriguez. Si le Bandit des anchois a une « influence mondiale », c'est parce qu'il a touché l'inconscient enfantin d'autres « enfants » assis dans le noir, les a forcés à fixer l'intérieur du vide, comme s'ils revivaient avec lui la mort de la mère de Bambi, remplissant chaque plan d'une énergie implacable qui fait d'eux des prisonniers volontaires.

Personne ne peut vraiment prévoir comment les générations futures réagiront au Bandit et à ses films. Le langage change si vite que ce qui est en vogue actuellement peut devenir illisible demain. Et, à mesure que Tarantino fait son chemin d'un projet à l'autre, en trébuchant parfois, comme tout nabab, force est de reconnaître qu'il est le monstre cinématographique absolu, défendant les films asiatiques ou ravivant le souvenir d'une star oubliée de la *blax-*

ploitation, comme s'il était dépositaire de la mémoire du cinéma, comme s'il avait épousé pour toujours ces ombres sur le mur et qu'il était lui-même mi-ombre, mi-homme et enfant – le Bandit des anchois qui fait irruption dans nos rêves et continue de nous troubler longtemps après notre réveil.

Notes

1. Jami Bernard, *Quentin Tarantino : The Man and His Movies.*

2. Dana Polan, *Pulp Fiction.*

3. *Ibid.*

4. Gerald Peary (dir.), *Quentin Tarantino Interviews.*

5. *In* Bernard.

6. *In* Peary.

7. *Ibid.*

8. Biskind, Peter, *Sexe, mensonges et Hollywood.*

9. *In* Peary.

10. *Ibid.*

11. *Ibid.*

12. *In* Biskind.

13. Acteur spécialisé dans les seconds rôles pour incarner un peu toujours le même type humain aisément identifiable.

14. *In* Peary.

15. *In* Bernard.

16. « Ordure blanche » : terme méprisant pour désigner les Blancs pauvres, le « rebut » qui a échoué selon les critères dominants de la société américaine.

17. *In* Bernard.

18. Stephen Rodrick, « Odd Man In ».

19. *In* Peary.

20. *In* Bernard.

21. Jeff Dawson, *Quentin Tarantino : The Cinema of Cool.*

22. *In* Dawson.

23. *Ibid.*

24. *In* Peary.

25. Leo Braudy et Marshall Cohen, *Film Theory and Criticism.*

26. *In* Peary.
27. *In* Dawson.
28. *In* Bernard.
29. *In* Peary.
30. *Ibid.*
31. *Ibid.*
32. *The Charlie Rose Show*, PBS, 14 octobre 1994.
33. James Ellroy, *Ma part d'ombre.*
34. *Ibid.*
35. *Ibid.*
36. *Ibid.*
37. *Ibid.*
38. *Ibid.*
39. *Ibid.*
40. *Ibid.*
41. *Ibid.*
42. *Ibid.*
43. *Ibid.*
44. *In* Bernard.
45. *Ibid.*
46. *In* Peary.
47. *Ibid.*
48. *Ibid.*
49. *In* Bernard.
50. *Pulp fiction* : fiction « à sensation » vendue à l'origine dans des maga zines à bas prix (*pulps*) sous des couvertures racoleuses qui ont donné naissance à un style visuel et graphique particulier, lequel a inspiré l'esthétique de Tarantino. La fiction présentée couvrait tous les genres populaires, du mystère à la science-fiction, en passant par le western et l'horreur. Les plus grands auteurs de polar américain (Raymond Chandler, Dashiell Hammett, Jim Thompson, Robert Block, John D. MacDonald) ont commencé par écrire dans les *pulps*, souvent sous pseudonyme.
51. *In* Bernard.
52. *In* Dawson.
53. *In* Peary.
54. *In* Bernard.

55. Parents de L'il Abner, très pauvres et hauts en couleur.
56. *In* Dawson.
57. *In* Bernard.
58. *Ibid.*
59. *In* Peary.
60. *In The Charlie Rose Show.*
61. Paul A. Woods, *King Pulp : The Wild World of Quentin Tarantino.*
62. *In* Peary.
63. *In* Bernard.
64. *Ibid.*
65. *Ibid.*
66. *Ibid.*
67. *Ibid.*
68. *Ibid.*
69. *In* Woods.
70. *In* Bernard.
71. *In* Biskind.
72. *In* Dawson.
73. *In The Charlie Rose Show.*
74. *In* Peary.
75. *Ibid.*
76. *In* Bernard.
77. *In The Charlie Rose Show.*
78. *In* Biskind.
79. *In* Dawson.
80. *In* Peary.
81. *In* Biskind.
82. *In* Bernard.
83. *Ibid.*
84. *In* Woods.
85. Pauline Kael (1919-2001) : critique de cinéma du *New Yorker*, considérée comme la plus influente des États-Unis, et dont l'influence fut en tout cas inégalée du milieu des années 1960 à 1990.
86. *In* Peary.
87. *Ibid.*
88. *In* Biskind.

89. *Ibid.*

90. *In* Peary.

91. *In* Biskind.

92. La plus grande agence américaine d'artistes et d'écrivains, toujours à la recherche de nouveaux talents.

93. *In* Peary.

94. *In* Bernard.

95. *In* Peary.

96. *In* Dawson.

97. *In* Biskind.

98. *In* Peary.

99. Peter « Escape » Coveney, *in* Lewis Carroll, *Alice in Wonderland.*

100. *Ibid.*

101. *Ibid.*

102. *Ibid.*

103. *Ibid.*

104. *In* Carroll.

105. William Empson, *in* Carroll.

106. *In* Peary.

107. *Ibid.*

108. *Ibid.*

109. *In The Charlie Rose Show.*

110. *In* Bernard.

111. Sous-culture populaire de mauvais goût, prétendument comme chez les habitants de *trailer parks* (parcs de mobil-homes).

112. *In* Woods.

113. *In* Bernard.

114. *Ibid.*

115. *In* Woods.

116. *In* Peary.

117. *In* Bernard.

118. *In* Dawson.

119. *In* Peary.

120. *Ibid.*

121. Camille Nevers, *in* Peary.

122. *In* Dawson.

123. *In* Dawson.
124. *Ibid.*
125. Le rockabilly est une forme d'expression musicale américaine des années 1950, un rock'n'roll blanc, sudiste et rural du Tennessee. Il désigne par extension un fan de cette musique.
126. Personnage terrifiant de psychopathe assassin d'enfants, créé par Wes Craven dans le film d'horreur à grand succès *A Nightmare on Elm Street* (1984). Immensément populaire, il a donné lieu à une série de films par divers réalisateurs.
127. *In* Peary.
128. Larissa MacFarquhar, « The Movie Lover ».
129. *In* Peary.
130. *In* Dawson.
131. *Ibid.*
132. *Ibid.*
133. Surnom inspiré du film de Tim Burton *Edward Scissorhands* (*Edward aux mains d'argent*) et donné à Harvey Weinstein pour sa capacité à imposer des coupes au montage.
134. *In* Biskind.
135. *In* Peary.
136. *In* Bernard.
137. *In* Dawson.
138. *In* Bernard.
139. *In* Dawson.
140. *In* Biskind.
141. *In* Bernard.
142. *Ibid.*
143. *In* Peary.
144. *Ibid.*
145. Code de conduite rédigé en 1865, qui a jeté les bases de la boxe moderne.
146. *In* Peary.
147. Films de kung-fu des années 1960 et 1970, scénarisés à gros traits pour faire se succéder des scènes d'action époustouflantes.
148. *In* Biskind.
149. *In* Peary.

150. *In* Dawson.
151. *In* Peary.
152. *In The Charlie Rose Show.*
153. *In* Peary.
154. *Ibid.*
155. *In* Dawson.
156. Un participant actif et puissant.
157. *In* Peary.
158. *Ibid.*
159. *In* Polan.
160. *In* « The Movie Lover ».
161. *In* Peary.
162. *In* Bernard.
163. *Ibid.*
164. *In* Dawson.
165. *In* Biskind.
166. *In* Bernard.
167. *Ibid.*
168. *Ibid.*
169. *In* Biskind.
170. *Ibid.*
171. *Ibid.*
172. *Ibid.*
173. *Ibid.*
174. *Ibid.*
175. *In* Bernard.
176. *Ibid.*
177. *Ibid.*
178. *In* Peary.
179. *In* Bernard.
180. *In* Peary.
181. *Ibid.*
182. Lynn Hirschberg, « The Two Hollywoods ».
183. *In* Peary.
184. *In* Bernard.
185. Intellectuelle féministe et militante de la cause afro-américaine née

en 1952, elle opte pour ce nom de plume, écrit en minuscules pour mettre en valeur non sa personne mais ses idées.

186. *In* Bernard.

187. Coiffure afro-américaine bouclée très en vogue à la fin des années 1970 jusqu'au milieu des années 1980, portée en particulier par Michael Jackson.

188. Célèbre duo des années 1950 avec Dean Martin et Jerry Lewis.

189. *In* Polan.

190. Les « Minstrel Shows » étaient des spectacles comiques où se mêlaient vaudeville, chants et danse, très en vogue à partir des années 1840, joués par des acteurs blancs qui se maquillaient en Noirs de manière grotesque et exploitaient la musique et la danse des Noirs.

191. *In* Woods.

192. *In* Farber.

193. *In* Bazin.

194. *In* Peary.

195. En français dans le texte.

196. *La Soupe au canard* (*Duck Soup*) est une comédie américaine réalisée par Leo McCarey et sortie en 1933.

197. Introduction à *Reservoir Dogs*.

198. *In* Woods.

199. *In* Dawson.

200. *In* Bernard.

201. *In* Dawson.

202. *In* Biskind.

203. *In* Bernard.

204. *Ibid.*

205. *In* « The Two Hollywoods ».

206. Lou Costello (1906-1959), acteur, producteur et comédien américain, connu surtout pour son tandem comique avec Bud Abbott (1895-1974).

207. *In* Bernard.

208. *In* Woods.

209. *In* Bernard.

210. *In* Dawson.

211. *In* Bernard.

212. *In* Peary.

213. *In* Bernard.

214. *In* Polan.

215. *Backstory* : histoire d'un personnage, ce qui a fait de lui ce qu'il est, avant le début du film.

216. *In* Peary.

217. *In* Biskind.

218. *In* Peary.

219. *Ibid.*

220. *In* Woods.

221. *In* Peary.

222. *In* Dawson.

223. *In* Woods.

224. *Ibid.*

225. *In* Woods.

226. *Ibid.*

227. *In* Peary.

228. Hornaday, « Quentin Tarantino in Austin, Texas ».

229. *Ibid.*

230. *Ibid.*

231. *In* Peary.

232. *In* Bernard.

233. *In* « The Two Hollywoods ».

234. *In* Woods.

235. Genre de films américains des années 1970 mettant en scène des acteurs noirs dans les rôles principaux, aux intrigues parfois anti-establishment, mais souvent critiqués pour leur caractérisation stéréotypée et leur glorification de la violence.

236. Désigne à l'origine une « teigne », quelqu'un de brutal et belliqueux, mais peut avoir une tonalité plus affectueuse, signifiant un « dur ».

237. *In* Woods.

238. *Ibid.*

239. *Ibid.*

240. Bureau of Alcohol, Tobacco and Firearms, un des services américains de lutte contre la contrebande et les trafics.

241. *Bail bondsman* : intermédiaire professionnel prenant en charge la

responsabilité financière d'un inculpé en liberté sous caution, contre une rétribution de 10 % de la somme demandée par les autorités.

242. *In* Woods.

243. *Ibid.*

244. *Variety*, 1-7 septembre 1997.

245. *In* « The Movie Lover ».

246. Fleming, « Tarantino's Discovery Network ».

247. *Ibid.*

248. *In* Woods.

249. *In* « Blood, Bath and Beyond ».

250. *In* Peary.

251. *The Green Hornet*, série télé à succès des années 1960 qui a fait de Bruce Lee une vedette et a contribué à la vogue des films de kung-fu aux États-Unis.

252. Agee, « Comedy's Greatest Era ».

253. *In* « Blood, Bath and Beyond ».

254. *In* Fleisher.

255. *Ibid.*

256. Exclamations typiques de Captain Marvel. « Shazam » est en fait le nom du sorcier qui donne ses pouvoirs au héros lorsqu'il le prononce, mais il est devenu populaire au point de désigner Captain Marvel lui-même.

257. *In* Bernard.

258. *In* Polan.

259. *In* Bernard.

260. *In* Peary.

261. *In* Woods.

262. *Ibid.*

263. *In* Peary.

264. *Ibid.*

265. Trigger (1932-1965) : célèbre cheval star du petit écran, monté par le non moins célèbre acteur cow-boy Roy Rogers, vedette de série télévisée et héros des jeunes spectateurs des années 1950-1960.

266. *In* Biskind.

267. *In* Dawson.

Bibliographie des ouvrages cités

Barthelme, Donald, « The Indian Uprising », *in Unspeakable Practices, Unnatural Acts*, New York, Farrar, Straus & Giroux, 1968.

Bernard, Jami, *Quentin Tarantino : The Man and His Movies*, New York, Harper Perennial, 1998.

Bhattacharya, Sanjiv, « Mr Blonde's Ambition », *The Observer*, 18 avril 2004.

Biskind, Peter, *Sexe, mensonges et Hollywood*, Paris, Le Cherche Midi, 2006.

Braudy, Leo et Marshall Cohen, *Film Theory and Criticism*, 6e édition, New York, Oxford University Press, 2004.

Carroll, Lewis, *Alice in Wonderland*, édition critique de Donald J. Gray, New York, Random House, 2000.

Cooper, Denis, « Minor Magic », *ArtForum*, mars 1995.

Coveney, Peter, « Escape », *in* Carroll.

Crouch, Stanley, « Eggplant Blues : The Miscegenated Cinema of Quentin Tarantino », introduction à *Pulp Fiction*, Grove Press, 1994.

Dargis, Manohla, « Quentin Tarantino on *Pulp Fiction* », *in* Peary.

Dawson, Jeff, *Quentin Tarantino : The Cinema of Cool*, New York, Applause Books, 1995.

Ellroy, James, *Ma part d'ombre*, Paris, Rivages, 1997.

Empson, William, « The Child as Swain », *in* Carroll.

Farber, Manny, *Negative Space,* New York, Da Capo Press, 1971, 1998.

Fleisher, Michael L., *The Great Superman Book*, New York, Warner Books, 1978.

Fleming, Michael, « Tarantino's Discovery Network », *Variety*, 1-7 septembre 1997.

Glieberman, Owen, « Knockout Bunch », *Entertainment Weekly*, 7 octobre 1994.

Hirschberg, Lynn, « The Two Hollywoods : The Man Who Changed Everything », *The New York Times,* 16 novembre 1997.

Hoberman, Jim, « Interview : Quentin Tarantino », *in* Peary.

hooks, bell, « Cool Tool », *ArtForum*, mars 1995.

Hornaday, Ann, « Quentin Tarantino in Austin, Texas », Austin American Statesman, 10 août 1996.

Indiana, Gary, « Geek Chic », *ArtForum*, mars 1995.

MacFarquhar, Larissa, « Profiles : The Movie Lover », *The New Yorker*, 20 octobre 2003.

Mendelsohn, Daniel, « It's Only a Movie », *The New York Review of Books*, 18 décembre 2003.

Mooney, Joshua, « Interview with Quentin Tarantino », *in* Peary.

Nevers, Camille, « Encounter with Quentin Tarantino », *in* Peary.

Peary, Gerald (dir.), *Quentin Tarantino Interviews*, Jackson, University Press of Mississippi, 1998.

Polan, Dana, *Pulp Fiction*, Londres, British Film Institute, 2000.

Rodrick, Stephen, « Odd Man In », *The New York Times Magazine*, 30 mai 2004.

Rose, Charlie, *The Charlie Rose Show*, PBS, 14 octobre 1994.

Schatzberg, Jerry, « Interview », 30 décembre 2004.

Scott, A.O., « Blood, Bath and Beyond », *The New York Times*, 10 octobre 2003.

– « The Unreal Road from Toontown to "Sin City" », *The New York Times*, 24 avril 2005.

Smith, Gavin, « When You Know You're in Good Hands », *in* Peary.

Tarantino, Quentin, *Pulp Fiction : Trois histoires pour une histoire*, Paris, 10-18, 1995.

– *Reservoir Dogs, True Romance*, Paris, 10-18, 1996.

Taylor, Ella, « Quentin Tarantino's *Reservoir Dogs* and the Thrill of Excess », *in* Peary.

Wood, Robin, « Slick Shtick », *ArtForum*, mars 1995.

Woods, Paul A., *King Pulp : The Wild World of Quentin Tarantino*, Londres, Plexus Publishing, 1998.

(suite de la p. 4)

Au Mercure de France
Mort d'un roi du tango, 1999
Rue du Petit-Ange, 2002
La Lanterne verte, 2004
Sténo sauvage, la vie et la mort d'Isaac Babel, 2007
El Bronx, 2008

Chez d'autres éditeurs
Princess Hannah, photographies d'Olivier Coulange, Actes Sud, 1998
New York, Autrement, 1987
Le Ver et le Solitaire, Balland, 1979
Cul bleu, Balland, 1981
New York : voyage sans amarres du ventre de la bête, illustré par François Boucq, Balland, 2007
Les Frères Adamov, illustré par Loustal, Casterman, 1991
Au nom de la famille, illustré par Joé Staton, Casterman, 1995
Le Croc du serpent, illustré par José Muñoz, Casterman, 1997
Panna Maria, illustré par José Muñoz, Casterman, 1999
White Sonya, illustré par Loustal, Casterman, 2001
La Femme du magicien, illustré par François Boucq, Casterman, 2005
La Bouche du diable, illustré par François Boucq, Casterman, 2005
Du ventre de la bête, New York, illustré par François Boucq, D. S., 1993
Capitaine Kidd, Fayard, 1998
Sinbad, Flohic, 1998
Une petite histoire de guerre, Hachette Jeunesse, 1992
Appelez-moi Malaussène, J'ai lu, coll. Librio Noir, 2000

Ping-Pong, Robert Laffont, 2003
Madame Lambert, illustré par Andreas Gefe,
Éd. du Masque, 1999
Métropolis, Métropolis, 2000
Une romance, illustré par Loustal, Mille et une nuits, 1996
New York : aquarelles, illustré par Fabrice Moireau,
Éd. du Pacifique, 2005
Le Marin blanc du président, Ramsay, 2003
Poisson-Chat, Le Seuil, 1982
Darling Bill, Le Seuil, 1983
Frog, Stock, 1989
Le Nez de Pinocchio, Stock, 1990
Movieland, Stock, 1990
Le Prince et Martin Moka, illustré par Loustal,
Syros, 1988
La Paresse : Mme Oblomova, illustré par Sylvie Douce de La Salle,
Textuel, 1996

Achevé d'imprimé
par CPI Firmin-Didot
à Mesnil-sur-l'Estrée, mai 2009
Dépôt légal : mai 2009
Numéro d'imprimeur : 95275.

ISBN 978-2-20725709-8/imprimé en France

135369